SPAR
DIR DAS
FLEISCH

UWE GLINKA / KURT MEIER

SPAR
DIR DAS
FLEISCH

GEMÜSE- UND NUDELGERICHTE
UND GÜNSTIGE SALATE

Originalausgabe
© 2011 VGS
verlegt durch EGMONT Verlagsgesellschaften mbH,
Gertrudenstraße 30–36, 50667 Köln

1. Auflage
Redaktion: Justine Lipke
Produktion: Simone Nauerth
Layout: Angela May Grafikdesign & Buchgestaltung, Mettmann
Foto Umschlagrückseite: Kurt Meier
Druck und Verarbeitung: Grafisches Centrum Cuno GmbH & Co. KG, Calbe
ISBN 978-3-8025-3746-2

www.vgs.de
www.diesparratgeber.de

INHALT

VORWORT DER AUTOREN

GIBT`S AUCH WAS OHNE FLEISCH? – Das haben wir in den letzten Monaten immer häufiger gehört, wenn wir mit Freunden zusammen gegessen haben. Und nicht nur von waschechten Vegetariern. Was in den Medien ein immer wichtigeres Thema geworden ist, spiegelt sich auch in unserem unmittelbaren Umfeld wider: Immer mehr Menschen achten auf ihre Ernährung und versuchen gesünder zu kochen. Dazu gehört immer öfter auch, das Fleisch (mal) wegzulassen. Der jüngste Dioxin-Skandal und erschreckende Bilder aus der Massentierhaltung führen zu einem Umdenken.

GEHT GESUNDE KÜCHE AUCH MIT KNAPPEM BUDGET? Als ehemalige Hartz-4-Empfänger haben wir beide selbst erlebt, wie schwer es ist, mit dem Regelsatz über die Runden zu kommen und sich dabei noch vernünftig zu ernähren. Wie bei unseren vorherigen Kochbüchern haben wir daher den Hartz IV-Tagessatz zugrunde gelegt. Auf einen Blick sehen Sie bei jedem Rezept, wie viel es kostet. Das günstigste Rezept – Apfel-Flammkuchen – kostet nur 1,13 €, das teuerste in diesem Buch ist schon etwas Besonderes: die Zitronen-Rucola-Pasta mit Spargel für 8,33 € – jeweils für 4 Personen gerechnet.

SIE WERDEN SEHEN: DAS FLEISCH WEGZULASSEN SPART ECHTES GELD! Um die Kosten möglichst gering zu halten, haben wir alle Zutaten von Discountern gekauft und konsequent das günstigste Produkt gewählt. Wenn Sie nach Angeboten Ausschau halten, ist das ein oder andere vielleicht noch billiger zu bekommen.

KANN MAN DENN ALLEIN VON GEMÜSE SATT WERDEN? Zusammen mit Milchprodukten oder in Kombination mit Nudeln oder Reis erhalten Sie vollwertige Mahlzeiten, die satt machen. Wir verstehen die Gemüseküche keinesfalls als „Diätküche", sondern möchten Ihnen nahrhafte und leckere Gerichte vorschlagen – die auch ohne Fleisch, oder gerade deswegen, bestimmt Lust auf mehr machen.

HEISST VEGETARISCH AUCH GLEICH „BIO"? Die Discounter bieten inzwischen eine wachsende Anzahl von biologisch hergestellten Produkten an, aber meist muss man dafür etwas mehr auf den Tisch legen. Unsere Preise beziehen sich daher in aller Regel auf Produkte aus konventioneller Landwirtschaft. Aus ökologischer Sicht mag vieles für „Bio" sprechen; die Stiftung Warentest hat jedoch bei Vergleichstests von Lebensmitteln seit 2007 festgestellt, dass Bioware nicht automatisch leckerer oder gesünder ist als herkömmliche Produkte (nachzulesen in *test*-Heft

10/2010). Bei frischem Gemüse ist es am besten, nach saisonalen Produkten Ausschau zu halten. Diese können auch auf dem Wochenmarkt sehr günstig sein und die Waren dort hatten meist nur kurze Transportwege.

SELBST KOCHEN MUSS NICHT SCHWER SEIN! Selbst den Kochlöffel zu schwingen spart viel Geld. Auch wir waren anfangs alles andere als erfahrene Köche, konnten die Rezepte aber trotzdem allesamt ohne Probleme zubereiten. Und es hat geschmeckt! Da wir aus Erfahrung wissen, dass Kinder nicht alles mögen, haben wir ein eigenes kleines Kapitel gemacht mit Rezepten, die auch Kinder mit ziemlicher Sicherheit essen.

Großer Dank geht auch dieses Mal wieder an die Landfrauen in ganz Deutschland, die uns ihre bewährten Rezepte zur Verfügung gestellt haben. Wir wünschen allen Köchen ihrer wunderbaren Rezepte viel Spaß beim Entdecken der Gemüseküche und einen guten Appetit!

Kurt Meier und Uwe Glinka, Frühjahr 2011

INFOS ZUM KOCHBUCH

- Um die Kosten möglichst gering zu halten, sollten die Zutaten in Discountern gekauft werden. Stand der Preise in diesem Buch: Mai 2011. Geringe Abweichungen sind möglich. Eine Liste am Ende des Buches enthält alle verwendeten Produkte mit Angabe der Preise.
- Die Rezepte sind für 4 Personen berechnet.
- Man kann sich genau an die Rezepte halten, muss es aber nicht. Lassen Sie Ihrer Fantasie ruhig freien Lauf, denn Geschmäcker sind bekanntlich unterschiedlich.
- Die Angaben zu Knoblauch und Gewürzen sind als Vorschlag zu verstehen. Genauso kann man häufig bei der Zugabe von Butter oder Öl variieren – je nach Geschmack und Hunger.
- Auch wenn es nicht ausdrücklich in der Zubereitung steht, sollte man für die Ofengerichte den Backofen auf die angegebene Temperatur vorheizen. Sowohl Backzeit als auch -temperatur können je nach Ofenmodell variieren.

VERWENDETE ABKÜRZUNGEN UND BEGRIFFE:

TK = TIEFKÜHLKOST
EL = ESSLÖFFEL
TL = TEELÖFFEL

Suppen

Joghurt-Möhren-Suppe

Menge	Zutaten	Preis
150 g	Möhren	0,15 €
1 l	Gemüsebrühe	0,08 €
1 Zehe	Knoblauch	0,07 €
15 g	Butter	0,07 €
½ Bund	frische Minze	0,65 €
60 g	Tomatenmark	0,12 €
500 g	Joghurt natur	0,39 €
1 TL	Speisestärke	0,05 €
1 Prise	Salz	0,05 €
1 Prise	Pfeffer	0,05 €
	Summe	**1,68 €**

Zubereitung

Möhren waschen und schälen. Nach Belieben klein schneiden und in 1 Liter Gemüsebrühe garen. Knoblauch schälen. In einem Suppentopf die Butter erhitzen. Tomatenmark zusammen mit Minzeblättern und gepresstem Knoblauch anbraten. Mit einem Schneebesen Joghurt einrühren. Kurz bevor der Joghurt zu kochen beginnt, Speisestärke unterrühren (sonst gerinnt er). Unter ständigem Rühren Gemüsebrühe dazugießen (nach und nach). Möhren in die Suppe geben und für ungefähr 10 Minuten köcheln lassen. Mit Salz und Pfeffer abschmecken.

Dithmarschener Möhren-Käse-Creme-Suppe

Menge	Zutaten	Preis
100 g	Zwiebeln	0,10 €
1,5 EL	Speiseöl	0,05 €
750 g	Möhren	0,74 €
250 g	Kartoffeln	0,16 €
1 Prise	Salz	0,05 €
1 Prise	Pfeffer	0,05 €
750 ml	Gemüsebrühe	0,06 €
150 g	Schmelzkäse	0,60 €
½ Bund	frische Petersilie	0,30 €
60 g	Senf	0,15 €
	Summe	**2,26 €**

Zubereitung

Zwiebeln schälen und fein würfeln. Öl in einem großen Topf erwärmen und Zwiebeln darin anschwitzen. Möhren und Kartoffeln schälen, grob würfeln und für ca. 3–4 Minuten mit den Zwiebeln anschmoren. Mit Salz und Pfeffer würzen. Mit Gemüsebrühe ablöschen, aufkochen und bei geringer Hitze ca. 20 Minuten schwach köcheln lassen. Suppe mit einem Stabmixer pürieren. Schmelzkäse zugeben und verrühren, bis er sich aufgelöst hat. Suppe nochmals abschmecken. Petersilie putzen und fein hacken. Die Hälfte in die Suppe geben und mit dem Rest die Suppe auf den Tellern garnieren.

Möhren-Orangensuppe mit Sahnehäubchen

Menge	Zutaten	Preis
200 g	gehackte Mandeln	1,30 €
300 g	Zwiebeln	0,30 €
1,5 kg	Möhren	1,49 €
5 EL	Speiseöl	0,15 €
2 l	Gemüsebrühe	0,16 €
1 Prise	Salz	0,05 €
1 Prise	Pfeffer	0,05 €
1 Bund	frische Petersilie	0,59 €
9 Stück	Orangen	2,55 €
1 Beutel	Orangenschalen-Aroma	0,13 €
200 ml	Zitronensaft	0,45 €
200 ml	Sahne	0,43 €
	Summe	**7,65 €**

Zubereitung

Mandeln in einer Pfanne ohne Fett rösten, herausnehmen. Zwiebeln klein schneiden, Möhren waschen und mit der Schale in Stücke schneiden. Zwiebeln und Möhren in Öl andünsten, mit der Brühe ablöschen. Salz und Pfeffer nach Geschmack hinzugeben. Alles ca. 10 Minuten köcheln lassen. Orangen schälen, halbieren und ebenfalls klein schneiden. Zu der Suppe geben. Mit einem Stabmixer alles fein pürieren und mit Zitronensaft und Orangenschalen-Aroma abschmecken. Etwas Grün von den Möhren hacken und mit den gerösteten Mandeln in die Suppe geben. Auf Tellern anrichten und mit Petersilie und Sahnehäubchen von der zuvor geschlagenen Sahne garnieren.

Apfel-Curry-Suppe mit Reis

Menge	Zutaten	Preis
75g	Zwiebeln	0,07 €
30 g	Butter	0,14 €
400 g	Äpfel	0,48 €
2 TL	Currypulver	0,10 €
2 Stück	Lorbeerblätter	0,10 €
500 g	Reis	0,45 €
1 l	Gemüsebrühe	0,08 €
1 Stück	Zitrone	0,23 €
1 Prise	Salz	0,05 €
100 ml	Sahne	0,22 €
	Summe	**1,92 €**

Zubereitung

Zwiebeln schälen, würfeln und mit ein wenig zerlassener Butter glasig andünsten. Äpfel schälen, das Kerngehäuse entfernen und kleinraspeln. Currypulver und Lorbeerblätter zur Apfelmasse geben. Danach Reis einrühren, mit 1 Liter Gemüsebrühe auffüllen und köcheln lassen, bis der Reis bissfest ist. Lorbeerblätter entfernen. Saft einer halben Zitrone zufügen, mit Salz abschmecken und zuletzt Sahne unterrühren. Sofort heiß servieren.

Kokos-Kürbis-Suppe mit roten Linsen

Menge	Zutaten	Preis
200 g	rote Linsen	0,15 €
200 g	Kürbis	0,30 €
1 Bund	Frühlingszwiebeln	0,59 €
1 Zehe	Knoblauch	0,08 €
250 g	Paprika rot	1,25 €
3 EL	Speiseöl	0,10 €
1–2 TL	Currypulver	0,08 €
1 l	Gemüsebrühe	0,08 €
250 ml	Kokosmilch	0,68 €
1 TL	Zucker	0,05 €
1 Prise	Chilipulver	0,05 €
1 Prise	Salz	0,05 €
1 Prise	Pfeffer	0,05 €
	Summe	**3,51 €**

Zubereitung

Rote Linsen waschen und abtropfen lassen. Kürbis, Zwiebeln, Knoblauch, Paprika und Frühlingszwiebeln waschen, entkernen und würfeln. 3 EL Öl in einem Topf erhitzen, Zwiebelwürfel kurz anschmoren. Anschließend restliche gewürfelte Zutaten zugeben, mit Curry bestäuben und ebenfalls kurz anbraten. Anschließend mit der Gemüsebrühe aufgießen und ca. 10 Minuten köcheln lassen, bis die Linsen weich sind. Die Kokosmilch zugeben und kurz aufkochen. Zum Schluss mit Salz – und wer's schärfer mag mit Chili – abschmecken. Eine kleine Prise Zucker rundet die Suppe geschmacklich ab. Ganz nach Belieben kann die Suppe am Ende püriert oder als Eintopf serviert werden.

Paprika-Tomaten-Suppe mit Basilikum-Creme

Menge	Zutaten	Preis
50 g	Zwiebeln	0,05 €
1 Zehe	Knoblauch	0,08 €
500 ml	Gemüsebrühe	0,05 €
50 g	Tomaten	0,05 €
200 g	Paprika	1.- €
75 g	Möhren	0,07 €
1 Prise	Zimt	0,05 €
1 Prise	Pfeffer	0,05 €
1 Prise	Muskat	0,05 €
1 Prise	Salz	0,05 €
50 g	Crème fraîche	0,12 €
½ Bund	frische Petersilie	0,30 €
1 TL	getrocknetes Basilikum	0,15 €
	Summe	**2,07 €**

Zubereitung

Zwiebel und Knoblauch schälen und fein schneiden. Gemüsebrühe mit Zwiebel und Knoblauch aufkochen und zugedeckt köcheln, bis die Zwiebel weich ist. Inzwischen Tomate in kochendes Wasser tauchen, die Haut abziehen und in Stücke schneiden. Paprika waschen, entkernen und in Streifen schneiden (einige feine Streifen für die Garnitur beiseitestellen). Möhre schälen und in dünne Scheiben schneiden. Tomate, Paprika und Möhre in die Suppe geben. Mit je 1 Prise Zimt, Pfeffer und Muskat würzen. Zugedeckt köcheln, bis das Gemüse bissfest ist (ca. 15 Minuten). Suppe fein pürieren, salzen und pfeffern. Crème fraîche, Petersilie und Basilikum verrühren, mit Salz und Pfeffer würzen. Suppe anrichten, obenauf die Basilikum-Creme geben, mit Paprikastreifen garnieren.

Sahnige Spargel-Cremesuppe

Menge	Zutaten	Preis
1 kg	Spargel	3,95 €
2 TL	Zucker	0,05 €
½ Bund	frische Petersilie	0,30 €
1 TL	getrocknetes Basilikum	0,15 €
200 ml	Sahne	0,44 €
1,5 EL	Speiseöl	0,05 €
50 g	Butter	0,24 €
50 g	Mehl	0,05 €
1 Prise	Salz	0,05 €
1 Prise	Pfeffer	0,05 €
	Summe	**5,33 €**

Käse-Porree-Suppe mit Champignons

Menge	Zutaten	Preis
100 g	Zwiebeln	0,10 €
1,5 EL	Speiseöl	0,05 €
350 g	Möhren	0,35 €
1 Dose	Champignons (314 ml)	0,49 €
250 g	Porree	0,50 €
650 ml	Gemüsebrühe	0,05 €
1 Prise	Salz	0,05 €
1 Prise	Pfeffer	0,05 €
	Summe	**1,64 €**

Zubereitung

Spargel waschen, schälen und holzige Enden abschneiden. Spargelschalen und -abschnitte in 1 Liter kochendem Salzwasser mit etwas Zucker zugedeckt ca. 20 Minuten köcheln lassen. Spargel in Stücke schneiden. Petersilie und Basilikum fein hacken. Spargelschalen und -abschnitte abgießen, abtropfen lassen, Spargelwasser dabei auffangen. Spargelwasser zurück in den Topf geben, aufkochen lassen und Spargelstücke zufügen und ca. 15 Minuten garen lassen. Die Hälfte der Schlagsahne halbsteif schlagen. Öl und Basilikum untermischen. Spargel abgießen. Spargelwasser auffangen und 1 Liter abmessen. Butter erhitzen, mit Mehl bestäuben und anschwitzen. Mit Spargelwasser und restlicher Sahne unter ständigem Rühren ablöschen. Aufkochen lassen, mit Salz, Pfeffer, Zucker abschmecken. Spargel darin erhitzen. Suppe mit jeweils einem Klecks Sahne servieren.

Zubereitung

Zuerst Zwiebeln schälen, würfeln und in etwas heißem Öl anbraten. Die in Scheiben geschnittenen Möhren und Pilze zusammen mit dem in Ringe geschnittenen Porree dazugeben. Anschließend mit Gemüsebrühe aufgießen und etwa 20 Minuten köcheln lassen. Sobald alles gar ist, Schmelzkäse und Sahne dazugeben und nach Bedarf mit Salz und Pfeffer abschmecken. Heiß servieren.

Lausitzer feine Kartoffelcremesuppe

Menge	Zutaten	Preis
100 g	Zwiebeln	0,10 €
350 g	Kartoffeln	0,22 €
350 g	Möhren	0,15 €
½ Bund	Sellerie	0,58 €
1 Stange	Porree	0,25 €
30 g	Butter	0,14 €
1 l	Gemüsebrühe	0,08 €
1 Prise	Salz	0,05 €
1 Prise	Pfeffer	0,05 €
2 Stück	Lorbeerblätter	0,10 €
150 ml	Sahne	0,33 €
1 Prise	Muskat	0,05 €
	Summe	**2,10 €**

Zubereitung

Zwiebel, Kartoffeln, ⅔ der Möhren, Sellerie und das Weiße der Porreestange grob würfeln und in der Butter andünsten. Mit Salz und Pfeffer gut abschmecken. Anschließend mit Brühe aufgießen, Lorbeerblatt zugeben und etwa 35 Minuten kochen lassen. In der Zwischenzeit das restliche Gemüse und das Grün der Porreestange in kleine Stückchen schneiden, in ca. 20 g Butter höchstens 2 Minuten dünsten – das Gemüse sollte bissfest bleiben. Lorbeerblätter entfernen, die Suppe mit dem Stabmixer pürieren. Sahne ebenfalls unterrühren, mit Salz und Muskat abschmecken und die Gemüsestücke mit der Petersilie zufügen.

Deftige Möhren-Kohlsuppe

Menge	Zutaten	Preis
100 g	Zwiebeln	0,10 €
150 g	Möhren	0,15 €
1 EL	Speiseöl	0,05 €
1,5 kg	Weißkohl	1,73 €
1 l	Gemüsebrühe	0,08 €
1 Bund	Suppengrün	1,19 €
1 Prise	Salz	0,05 €
1 Prise	Pfeffer	0,05 €
2 Stück	Lorbeerblätter	0,10 €
	Summe	**3,50 €**

Zubereitung

Zwiebel und Möhren schälen, klein schneiden und mit etwas Öl in einem großen Topf anschwitzen. Vom Weißkohl die äußeren Blätter entfernen und anschließend den gesamten Kohlkopf klein schneiden (den Stumpf und alles was 2–3 cm drum herum ist weglassen) und ebenfalls mit anschwitzen. Wenn der Kohl eine leichte Bräune hat, Brühe zugießen, bis alles bedeckt ist. Danach Suppengrün hinzugeben und mit den Gewürzen abschmecken. Mindestens eine Stunde kochen lassen, bis der Kohl butterweich ist.

Porree-Kartoffel-Cremesuppe

Menge	Zutaten	Preis
500 g	Porree	1,- €
100 g	Kartoffeln	0,06 €
1 EL	Speiseöl	0,05 €
750 ml	Gemüsebrühe	0,06 €
500 ml	Milch	0,30 €
1 Prise	Salz	0,05 €
1 Prise	Pfeffer	0,05 €
1 Prise	Muskat	0,05 €
50 g	Mehl	0,05 €
100 ml	Sahne	0,22 €
	Summe	**1,89 €**

Zubereitung

Porree waschen, putzen und in dünne Ringe schneiden. Die Kartoffeln ebenfalls schälen, waschen und in mundgerechte Würfel schneiden. Porree mit den Kartoffelwürfeln in einem Topf mit etwas Öl kurz anbraten. Gemüsebrühe und Milch hinzugeben, alles aufkochen und ca. 20 Minuten garen. Mit Salz, Pfeffer und Muskat würzen. Mehl und Sahne verquirlen, in die Suppe einrühren und binden. Bis zur gewünschten Sämigkeit köcheln lassen. Anschließend mit etwas Weißbrot servieren.

Mindener Griessuppe mit Mais und Tomaten

Menge	Zutaten	Preis
30 g	Butter	0,14 €
100 g	Gries	0,09 €
500 ml	Gemüsebrühe	0,05 €
250 ml	Milch	0,15 €
200 g	Tomaten	0,20 €
2 Stück	Eier	0,26 €
1 Dose	Mais (425 ml)	0,39 €
1 Prise	Salz	0,05 €
1 Prise	Pfeffer	0,05 €
1 Bund	frische Petersilie	0,59 €
	Summe	**1,97 €**

Zubereitung

Butter erhitzen und den Grieß darin kurz anrösten. Mit Gemüsebrühe ablöschen, Milch hinzufügen und alles zusammen etwa 10 Minuten köcheln lassen. Tomaten mit kochendem Wasser überbrühen, etwa 1 Minute ziehen lassen, Haut abziehen, entkernen, Stielansätze wegschneiden und Tomatenfleisch würfeln. Eigelbe in einer Tasse mit ein wenig Suppe verrühren, dann die Mischung in die nicht mehr kochende Suppe einrühren. Mais und gewürfelte Tomaten in die Suppe geben. Mit Salz und Pfeffer abschmecken und zum Schluss mit gehackter Petersilie garnieren.

Großmutters Zwiebel-Sahnesuppe mit Käse

Menge	Zutaten	Preis
150 g	Zwiebeln	0,15 €
50 g	Butter	0,24 €
30 g	Mehl	0,05 €
1 l	Gemüsebrühe	0,08 €
1 Prise	Salz	0,05 €
1 Prise	Pfeffer	0,05 €
200 g	Fadennudeln	0,79 €
2 Stück	Eier	0,26 €
100 ml	Sahne	0,22 €
1 Prise	Muskat	0,05 €
150 g	Emmentaler	0,89 €
	Summe	**2,83 €**

Zubereitung

Zwiebeln schälen und sehr fein schneiden. In Butter dünsten, bis sie glasig sind. Anschließend mit Mehl bestäuben und verrühren. Heiße Brühe unter ständigem Rühren dazugeben und etwa 20 Minuten bei niedriger Hitze kochen lassen. Mit Salz und viel Pfeffer würzen. Nudeln dazugeben und weitere 15 Minuten köcheln lassen, bis sie weich sind. Suppe etwas abkühlen lassen. Danach Eigelb mit der Sahne verrühren und anschließend ebenfalls in die Suppe geben. Mit Muskat abschmecken. Kurz vor dem Servieren mit Käse bestreuen.

Wirsing-Sahnesuppe mit Champignons

Menge	Zutaten	Preis
500 g	Wirsingkohl	0,75 €
300 ml	Sahne	0,66 €
600 ml	Milch	0,36 €
150 g	Kartoffeln	0,10 €
1 Dose	Champignons (314 ml)	0,49 €
60 g	Butter	0,29 €
1 Prise	Salz	0,05 €
1 Prise	Pfeffer	0,05 €
1 Prise	Muskat	0,05 €
	Summe	**2,80 €**

Zubereitung

Wirsingkohl in Streifen schneiden und 4 Minuten in kochendem Salzwasser blanchieren. Durch ein Sieb abgießen und das Wasser auffangen. 200 ml abmessen und zusammen mit Sahne und Milch erhitzen. Kartoffeln schälen, in Würfel schneiden, mit ⅔ vom Wirsingkohl hinzugeben. 15 Minuten kochen.
Champignons in Scheiben schneiden und in der Butter leicht anbraten. Mit Pfeffer, Salz und Muskat abschmecken. Suppe mit dem Stabmixer pürieren. Pilze und den restlichen Wirsingkohl dazugeben und nochmals abschmecken.

Salate, die satt machen

Möhren-Orangen Salat

Menge	Zutaten	Preis
500 g	Möhren	0,50 €
3 Stück	Orangen	0,74 €
4 EL	Olivenöl	0,19 €
2 EL	Zitronensaft	0,11 €
1 Prise	Salz	0,05 €
1 Prise	Pfeffer	0,05 €
1 EL	Zucker	0,05 €
	Summe	**1,69 €**

Zubereitung

Möhren waschen, schälen und in eine große Schüssel raspeln. Orangen pressen und den Saft mit Olivenöl und Zitronensaft verrühren. Mit Salz, Pfeffer und Zucker nach Wunsch abschmecken. Orangenfilets mit Möhren vermischen und das Dressing darübergeben.

Möhren-Nuss-Salat

Menge	Zutaten	Preis
600 g	Möhren	0,59 €
200 g	Paprika rot	1,- €
25 g	Sesamkörner	0,12 €
4 EL	Speiseöl	0,07 €
4 EL	Essig	0,05 €
1 Prise	Salz	0,05 €
1 Bund	Frühlingszwiebeln	0,59 €
50 g	gehackte Haselnüsse	0,35 €
3 EL	Zitronensaft	0,11 €
	Summe	**2,93 €**

Zubereitung

Möhren fein raspeln, Paprikaschoten waschen, entkernen und fein würfeln. In einer Pfanne Sesam in 2 EL Öl anrösten, Paprikawürfel dazugeben. Möhren hinzufügen und 2–3 Minuten dünsten. Mit Salz würzen, mit Essig ablöschen und abkühlen lassen. Frühlingszwiebeln fein schneiden, gehackte Nüsse anrösten und beides mit Zitrone und restlichem Öl unter die Möhren mischen und etwas durchziehen lassen.

Couscous-Salat (Taboulé)

Menge	Zutaten	Preis
200 g	Zucchini	0,10 €
300 g	Paprika	1,50 €
1 kleine	Salatgurke	0,75 €
200 g	Tomaten	0,20 €
200 g	Couscous	0,52 €
2 Stück	Zitronen	0,46 €
1 Prise	Salz	0,05 €
1 Prise	Pfeffer	0,05 €
3 EL	Olivenöl	0,11 €
½ Bund	frische Minze	0,65 €
	Summe	**4,39 €**

Zubereitung

Gemüse waschen, Paprika zusätzlich entkernen und alles in feine Stückchen schneiden. Couscous nach Packungsanweisung in heißem Wasser quellen lassen. Gemüse zum Couscous geben und mit reichlich Zitronensaft, Salz, Pfeffer und Olivenöl anmachen. Minzeblätter abzupfen und fein geschnitten unterheben. Für einen intensiven Geschmack einige Stunden ziehen lassen. Kühl servieren.

Feldsalat mit Tomaten und Senfdressing

Menge	Zutaten	Preis
150 g	Feldsalat	1,15 €
400 g	Tomaten	0,50 €
100 g	Zwiebeln	0,10 €
4 EL	Speiseöl	0,06 €
2 EL	Essig	0,05 €
2 Zehen	Knoblauch	0,16 €
30 g	Senf	0,05 €
1 Prise	Salz	0,05 €
1 Prise	Pfeffer	0,05 €
	Summe	**2,17 €**

Zubereitung

Feldsalat waschen, Stiele abschneiden. Tomaten waschen und in Stücke schneiden. Zwiebeln schälen und fein würfeln. Alles mischen. Für das Dressing Öl, Essig und Senf verrühren. Knoblauch schälen und gepresst dazugeben. Mit Salz und Pfeffer abschmecken. Das Dressing erst kurz vor dem Servieren über den Salat gießen.

Gebackener Ziegenkäse mit Honigsoße auf Rucolasalat

Menge	Zutaten	Preis
30 g	Pinienkerne	0,22 €
400 g	Äpfel	0,48 €
50 g	Butter	0,24 €
500 g	Ziegenkäse	3,58 €
1 Bund	Rucola	1,49 €
50 g	Honig	0,23 €
1,5 EL	Balsamico	0,05 €
	Summe	**6,29 €**

Sommerlicher Reis-Fruchtsalat

Menge	Zutaten	Preis
200 g	Reis	0,18 €
200 g	Äpfel	0,24 €
100 g	Zwiebeln	0,10 €
200 g	Gouda	0,92 €
2 EL	Essig	0,05 €
25 g	Senf	0,05 €
4 EL	Speiseöl	0,07 €
½ Bund	frische Petersilie	0,30 €
1 Prise	Salz	0,05 €
1 Prise	Pfeffer	0,05 €
	Summe	**2,01 €**

Zubereitung

Pinienkerne unter Rühren in einer Pfanne ohne Fett ein wenig anrösten. Äpfel in vier große Scheiben von jeweils ca. 1,5 cm Dicke schneiden. Kerngehäuse entfernen. Apfelscheiben in eine mit 25 g Butter gefettete Form legen und jeweils eine Scheibe Käse obenauf legen. Ofen auf 225 °C vorheizen. Anschließend ca. 20 Minuten überbacken, bis der Käse schön goldgelb ist. Salat waschen und Blätter auf Portionstellern anrichten. Überbackenen Käse auf den Salat setzen. Mit Pinienkernen bestreuen. Honig, Butter und Balsamico in die noch warme Form geben und verrühren. Soße über den Käse gießen und servieren.

Zubereitung

Reis nach Anweisung in Salzwasser kochen. Anschließend abkühlen lassen. Äpfel und Zwiebel schälen. Käse so klein wie möglich schneiden. Alles zusammen in eine Schüssel geben und miteinander vermengen. Aus Weinessig, Senf, Öl, Petersilie, Salz und Pfeffer eine Marinade herstellen. Über die Mischung geben und bis zum Verzehr am besten über Nacht ziehen lassen – evtl. bei Bedarf nachwürzen.

Reissalat mit Erbsen-Paprikagemüse

Menge	Zutaten	Preis
250 g	Reis	0,25 €
150 g	Erbsen (TK)	0,60 €
500 g	Paprika rot/gelb	2,49 €
150 g	Zwiebeln	0,15 €
2 Zehen	Knoblauch	0,16 €
250 g	Miracel Whip	0,95 €
25 g	Senf	0,05 €
50 ml	Milch	0,05 €
1 Prise	Salz	0,05 €
1 Prise	Pfeffer	0,05 €
1 Bund	frische Petersilie	0,59 €
200 g	Tomaten	0,20 €
2 EL	Essig	0,05 €
	Summe	**5,64 €**

Zubereitung

Reis nach Anweisung in Salzwasser kochen. Abtropfen und abkühlen lassen. Erbsen gefroren entnehmen, einmal aufkochen und abkühlen lassen. Paprikaschoten entkernen und in kleine Würfel schneiden. Zwiebeln ebenfalls in kleine Würfel schneiden. Knoblauchzehen pressen. Nun Reis, Gemüse und Knoblauch in eine Schüssel geben. Aus Miracel Whip, Senf, Milch, Essig, Salz und Pfeffer eine Salatsoße rühren. Einen Teil der Petersilie dazugeben. Alles noch einmal vermischen und abschmecken. Zum Schluss den fertigen Salat mit zuvor geschnittenen Tomatenspalten und der restlichen gehackten Petersilie garnieren.

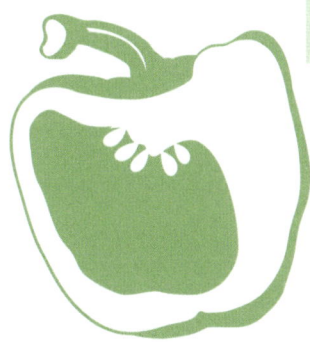

Mediterraner Nudelsalat

Menge	Zutaten	Preis
400 g	Spiralnudeln	0,31 €
1 Prise	Salz	0,05 €
100 g	Tomaten	0,10 €
75 g	Zwiebeln	0,10 €
1 Prise	Pfeffer	0,05 €
150 g	Paprika rot	0,75 €
2 Stück	Eier	0,26 €
100 g	Gewürzgurken	0,10 €
1 Dose	Mais (425 ml)	0,39 €
1 Dose	Erbsen (423 ml)	0,39 €
100 g	Miracel Whip	0,38 €
1 EL	Senf	0,05 €
1 Prise	Pfeffer	0,05 €
	Summe	**2,98 €**

Zubereitung

Nudeln in Salzwasser bissfest kochen. Tomaten und Zwiebel klein schneiden, Paprika waschen, entkernen und würfeln. Zusammen mit Eiern und Gurken zu den Nudeln geben. Mais und Erbsen beimischen. Miracel Whip mit Senf, den Gewürzen sowie etwas Gurkenwasser verrühren und gut mit Salz und Pfeffer abschmecken. Über den Salat gießen und einige Zeit durchziehen lassen.

Käse-Tortellini-Paprika-Salat

Menge	Zutaten	Preis
500 g	Tortellini	1,49 €
200 g	Paprika rot	1,- €
150 g	Feta-Käse	0,87 €
30 g	Sonnenblumenkerne	0,12 €
50 g	Miracel Whip	0,19 €
100 g	Joghurt natur	0,08 €
25 g	Kräutermischung (TK)	0,28 €
1 TL	Basilikum getrocknet	0,10 €
1 Prise	Salz	0,05 €
1 Prise	Pfeffer	0,05 €
	Summe	**4,23 €**

Zubereitung

Reichlich Salzwasser zum Kochen bringen, Tortellini hineingeben und ca. 1 Minute erhitzen. Abtropfen und auskühlen lassen. Paprikaschoten waschen, entkernen und in kurze Streifen schneiden. Feta-Käse in Würfel schneiden. Sonnenblumenkerne in einer Pfanne ohne Fett rösten. Mayonnaise mit Joghurt und Kräutern verrühren und mit Salz und Pfeffer abschmecken. Tortellini mit Paprika, Käse und der Soße mischen. Salat auf einer Platte anrichten und mit Sonnenblumenkernen bestreuen. Evtl. mit Basilikum garnieren.

Florenzer Nudelsalat mit getrockneten Tomaten, Rucola und Parmesan

Menge	Zutaten	Preis
500 g	Spiralnudeln	0,39 €
1,5 EL	Speiseöl	0,05 €
1 EL	Balsamico-Essig	0,05 €
½ TL	Senf	0,05 €
1 Prise	Salz	0,05 €
1 Prise	Pfeffer	0,05 €
20 g	Zwiebeln	0,05 €
1 Zehe	Knoblauch	0,08 €
200 g	Coctailtomaten	0,46 €
150 g	getrocknete Tomaten in Öl	1,99 €
200 g	eingelegte Oliven in Öl	0,43 €
100 g	Pinienkerne	0,74 €
1 Bund	Rucola	1,49 €
1,5 EL	Balsamico	0,05 €
50 g	geriebener Parmesan	0,60 €
	Summe	**6,53 €**

Zubereitung

Nudeln in Salzwasser nach Anweisung bissfest garen und abkühlen lassen. Cocktailtomaten, getrocknete Tomaten und Oliven zerkleinern und mit den Nudeln mischen. Aus den Soßenzutaten eine Vinaigrette nach eigenem Geschmack herstellen und mit dem Salat vermengen. (Dabei auf die Intensität des Öls aus dem Tomaten-Glas achten.) Geriebenen Parmesan ebenfalls unter den Salat mengen. Danach 2–3 Stunden im Kühlschrank ziehen lassen. Nun evtl. nochmals nachwürzen und wenn nötig, das Verhältnis aus Öl und Balsamico weiter verfeinern. Den Rucola waschen, grob zerkleinern und erst vor dem Servieren mit dem Salat mischen. Zuletzt die Pinienkerne in der Pfanne kurz anrösten und auf den bereits auf Tellern angerichteten Salat geben. Am besten mit frischem Ciabatta oder Weißbrot servieren.

Holländischer Käse-Nudelsalat

Menge	Zutaten	Preis
300 g	Spiralnudeln	0,23 €
250 g	Paprika rot	1,25 €
1,5 Bund	Frühlingszwiebeln	0,89 €
300 g	Gouda	1,38 €
4 EL	Speiseöl	0,07 €
2 EL	Essig	0,05 €
1 TL	Senf	0,05 €
1 Prise	Salz	0,05 €
1 Prise	Zucker	0,05 €
1 Prise	Pfeffer	0,05 €
½ Bund	frischer Schnittlauch	0,30 €
	Summe	**4,37 €**

Zubereitung

Nudeln in Salzwasser nach Anweisung bissfest garen. Paprika waschen, entkernen und in Stückchen schneiden. Frühlingszwiebeln putzen und in Ringe schneiden. Käse würfeln. Alles miteinander mischen. Dressing aus den übrigen Zutaten herstellen (kräftig verrühren oder schütteln) und anschließend unter den Salat heben. Vor dem Servieren mit Schnittlauch garnieren.

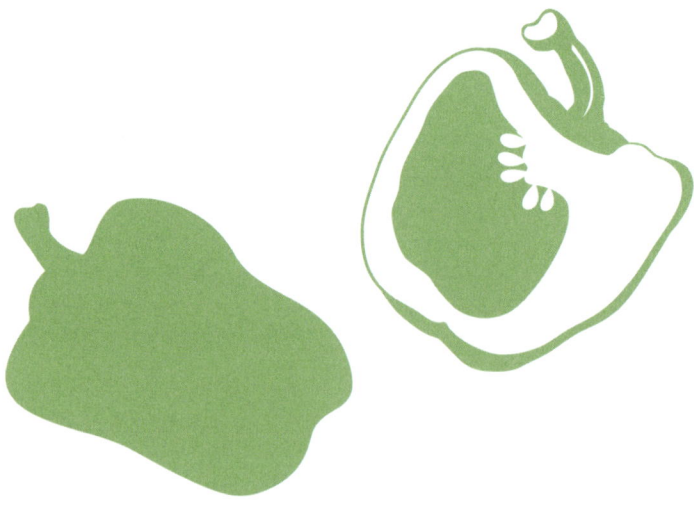

Griechischer Kartoffelsalat

Menge	Zutaten	Preis
600 g	Kartoffeln	0,38 €
200 g	saure Sahne	0,31 €
200 g	Feta-Käse	1,74 €
1 Prise	Salz	0,05 €
1 Prise	Pfeffer	0,05 €
2 Zehen	Knoblauch	0,08 €
1 Stück	Salatgurke	0,59 €
150 g	Paprika rot	0,75 €
½ Bund	frischer Schnittlauch	0,30 €
	Summe	**4,25 €**

Zubereitung

Kartoffeln kochen und noch heiß pellen. Saure Sahne mit zerbröckeltem Feta-Käse pürieren. Mit Salz, Pfeffer und durchgepresstem Knoblauch abschmecken. Salatgurke waschen und in feine Streifen schneiden. Paprika waschen, entkernen und würfeln. Kartoffeln in Scheiben schneiden und alle Zutaten mit der Soße vermengen. Vor dem Servieren mit Schnittlauchröllchen bestreuen.

Schwäbischer Kartoffelsalat

Menge	Zutaten	Preis
1 kg	Kartoffeln	0,64 €
1 Stück	Salatgurke	0,75 €
100 g	Zwiebeln	0,10 €
200 ml	Gemüsebrühe	0,05 €
4 EL	Essig	0,05 €
5 EL	Öl	0,07 €
1 Prise	Zucker	0,05 €
1 Prise	Salz	0,05 €
1 Prise	Pfeffer	0,05 €
	Summe	**1,81 €**

Zubereitung

Kartoffeln in Salzwasser nicht zu weich kochen, pellen und im noch warmen Zustand in Scheiben schneiden. Gurke ebenfalls in feine Scheiben schneiden und mit Salz und Essig anmachen. Zwiebel schälen und in kleine Würfel schneiden. Auf die Kartoffelscheiben geben, etwas salzen und pfeffern. Nun das Ganze mit heißer Brühe übergießen und vorsichtig vermischen, damit die Brühe einziehen kann. Aus Essig, Öl und einer Prise Zucker eine Salatsoße machen und über den Kartoffelsalat geben und nochmals durchmischen (der Salat darf nicht trocken sein). Anschließend den Gurkensalat unter die Kartoffeln mischen, eventuell nachwürzen. Den Salat lauwarm servieren.

Gemüse pur

Farbenfrohes Ratatouille

Menge	Zutaten	Preis
50 g	Zwiebeln	0,05 €
200 g	Paprika rot	1,- €
200 g	Zucchini	0,30 €
1 Prise	Salz	0,05 €
1 Prise	Pfeffer	0,05 €
½ TL	getr. Basilikum	0,05 €
3 Stück	Lorbeerblätter	0,10 €
½ TL	Thymian	0,05 €
2,5 EL	Speiseöl	0,05 €
½ Dose	geschälte Tomaten (200 ml)	0,35 €
50 g	Tomatenmark	0,10 €
100 g	Sahne	0,22 €
250 g	Reis	0,23 €
½ Bund	frische Petersilie	0,30 €
	Summe	**2,90 €**

Zubereitung

Zwiebel schälen und grob hacken. Paprika waschen, entkernen und klein würfeln, Zucchini waschen und ebenfalls in Stücke schneiden. Etwas Wasser in einen Topf geben (1 cm hoch), erhitzen und Gemüse hinzufügen. Alle Gewürze und das Öl untermischen. Etwa 5 Minuten kochen. Tomaten dazugeben und weitere 5 Minuten kochen. Mit Tomatenmark binden und nach Belieben mit etwas Sahne abrunden. Wenn nötig, nochmals salzen und pfeffern. Mit gehackter Petersilie garnieren und zu Reis servieren.

Gebratene Auberginen mit Joghurtsoße

Menge	Zutaten	Preis
2 Stück	Auberginen	1,- €
4 EL	Olivenöl	0,15 €
1 Prise	Salz	0,05 €
1 Prise	Pfeffer	0,05 €
250 g	Joghurt	0,20 €
2 Zehen	Knoblauch	0,16 €
1 Prise	Cayennepfeffer	0,05 €
1 Prise	Paprikapulver	0,05 €
½ Bund	Petersilie	0,30 €
	Summe	**2,16 €**

Zubereitung

Auberginen waschen und in gleichmäßig dicke Scheiben schneiden (ca. ½ cm dick). Öl in einer großen Pfanne erhitzen, Auberginenscheiben darin langsam braten, bis sie weich und bräunlich sind. Mit Salz und Pfeffer würzen. Auf Küchenpapier abtropfen lassen. Joghurt mit Salz, Pfeffer, gepresstem Knoblauch und Olivenöl verrühren. Mit Cayennepfeffer und Paprika würzen. Fein geschnittene Petersilie zugeben und lauwarm servieren.

Wirsing-Sesam-Happen mit Ziegenkäse

Menge	Zutaten	Preis
1 kg	Wirsingkohl	1,49 €
1 Prise	Salz	0,05 €
35 g	Pinienkerne	0,26 €
50 g	Schalotten	0,20 €
30 g	Butterschmalz	0,20 €
125 g	Ziegenkäse	0,90 €
1 EL	Sahne	0,05 €
1 Prise	Pfeffer	0,05 €
1 Stück	Ei	0,13 €
100 g	Sesamkörner	0,50 €
50 g	Semmelbrösel	0,05 €
	Summe	**3,88 €**

Zubereitung

Von einem Wirsingkopf 8 äußere Blätter ablösen und in kochendem Salzwasser blanchieren. Gut abtropfen lassen und trocken tupfen. Pinienkerne in einer Pfanne trocken anrösten, aus der Pfanne nehmen und abkühlen lassen. Schalotten schälen, würfeln und in heißem Butterschmalz goldbraun andünsten. Etwas abkühlen lassen. Ziegenkäse mit Schalotten, Pinienkernen, Sahne, Pfeffer und einer Prise Salz verrühren und abschmecken. Füllung gleichmäßig auf die Blätter verteilen. Die Seiten der Kohlblätter einschlagen und dann zu viereckigen Happen falten. Ei, Semmelbrösel und Sesam verquirlen. Happen erst durch das Ei ziehen, dann mit der Mischung aus Semmelbröseln und Sesam panieren. In heißem Butterschmalz knusprig braten.

Blumenkohl-Ragout mit Ei

Menge	Zutaten	Preis
1 Stück	Blumenkohl	0,99 €
1 Bund	Frühlingszwiebeln	0,59 €
1 Prise	Salz	0,05 €
250 ml	Milch	0,15 €
6 Stück	Eier	0,77 €
3 EL	Olivenöl	0,11 €
2 EL	Currypulver	0,05 €
1 Bund	frische Petersilie	0,59 €
	Summe	**3,30 €**

Zubereitung

Blumenkohl und Frühlingszwiebeln putzen. Blumenkohl in Röschen teilen, Zwiebeln in mundgerechte Stücke schneiden. 375 ml Salzwasser und einen Schuss Milch aufkochen. Blumenkohl zugeben und ca. 15 Minuten garen. In den letzten 5 Minuten Zwiebelstücke zugeben und mitgaren. Eier in kochendem Wasser ca. 10 Minuten hart kochen. Gemüse in ein Sieb gießen, dabei das Gemüsewasser auffangen. Olivenöl in einem Schmortopf erhitzen und Curry darin anschwitzen. Mit etwa 100 ml Gemüsewasser und der restlichen Milch aufgießen, aufkochen und etwa 5 Minuten köcheln lassen. Schmelzkäse würfeln und in die heiße Soße rühren. Solange rühren, bis sich der Käse aufgelöst hat. Nochmals mit Salz und Curry abschmecken. Eier kalt abschrecken, schälen und halbieren. Zusammen mit dem Gemüse in die heiße Soße geben. Nochmals erwärmen. Ragout in einer vorgewärmten Schüssel anrichten und mit Petersilie garnieren, evtl. die Eier noch mit Curry bestreuen.

Käseknödel mit fruchtiger Tomatensoße

Menge	Zutaten	Preis
650 g	Kartoffeln	0,42 €
150 g	Weizenmehl	0,05 €
40 g	Hartweizengries	0,05 €
40 g	Butter	0,18 €
1 Prise	Muskat	0,05 €
1 Prise	Salz	0,05 €

Für die Füllung

200 g	Feta-Käse	1,74 €
½ Bund	frischer Schnittlauch	0,30 €
1 EL	getrocknetes Basilikum	0,15 €
2 Zehen	Knoblauch	0,16 €
1 Prise	Salz	0,05 €
1 Prise	Pfeffer	0,05 €

Für die Soße

1 Dose	geschälte Tomaten (425 ml)	0,41 €
2,5 EL	Speiseöl	0,05 €
2 Zehen	Knoblauch	0,16 €
1 EL	Zucker	0,05 €
1 Prise	Salz	0,05 €
1 Prise	Pfeffer	0,05 €
	Summe	**4,02 €**

Zubereitung

Für den Teig die Kartoffeln weich kochen (dämpfen), schälen, pressen und noch warm mit Weizenmehl, Grieß, Butter, Muskat und Salz zu einem Teig verarbeiten. Teig portionieren, auf der bemehlten Handfläche flach drücken und später mit den zuvor hergestellten Käseknödelchen füllen. Gut verschließen und zu runden Knödeln formen. Schafskäse zerdrücken und mit den restlichen Zutaten vermengen. Würzig abschmecken und aus der Masse kleine Kugeln formen. Am besten kurz einfrieren, damit sie sich dann leichter vom Teig umhüllen lassen. In einem Topf Salzwasser aufkochen und die Knödel darin 12–15 Minuten ziehen lassen. Für die fruchtige Tomatensoße die zuvor in Stücke geschnittenen Tomaten über einem Sieb abtropfen lassen. Gehackten Knoblauch in heißem Olivenöl kurz anschwitzen, Tomaten dazugeben, mit Salz, Zucker und Pfeffer würzen und 4–8 EL vom Tomatensaft dazugeben. Nur kurz aufköcheln und mit den Schafskäseknödeln servieren.

Backkartoffeln mit Sahne-Spinat

Menge	Zutaten	Preis
225 g	Blattspinat (TK)	0,19 €
800 g	Kartoffeln	0,51 €
50 g	Zwiebeln	0,05 €
25 g	Butter	0,12 €
1 Prise	Salz	0,05 €
1 Prise	Pfeffer	0,05 €
1 Prise	Muskat	0,05 €
200 g	Sahne	0,43 €
	Summe	**1,45 €**

Kartoffeln an Radieschenquark

Menge	Zutaten	Preis
800 g	Kartoffeln	0,51 €
2 Bund	Radieschen	0,78 €
500 g	Quark	0,76 €
1,5 EL	Speiseöl	0,05 €
1 Bund	frischer Schnittlauch	0,59 €
50 g	Butter	0,24 €
1 EL	Kümmel	0,05 €
1 Prise	Salz	0,05 €
1 Prise	Pfeffer	0,05 €
	Summe	**3,08 €**

Zubereitung

Spinat auftauen. Kartoffeln mit der Schale weich kochen, in Alufolie wickeln und im Backofen warm halten. Blattspinat auftauen lassen, Zwiebeln in Würfel schneiden und in etwas Butter glasig dünsten. Anschließend Spinat hinzugeben und mit Salz, Pfeffer und Muskatnuss abschmecken. Mit etwas Sahne auffüllen, sodass eine dickflüssige Masse entsteht. Kartoffeln aus dem Ofen nehmen und mit einem Messer durch die Alufolie zu ⅔ einschneiden und vorsichtig auseinanderziehen. Spinat-Sahnemasse in die Kartoffeln füllen und servieren.

Zubereitung

Kartoffeln gut waschen, in leicht gesalzenem Wasser mit etwas Kümmel gar kochen. Währenddessen die Radieschen putzen und waschen. In der Küchenmaschine oder mit einer Reibe fein raspeln und in einem Sieb etwas abtropfen lassen. (Wenn man die Radieschen mit dem Messer sehr fein hackt, tritt kaum Flüssigkeit aus.) Gewaschenen Schnittlauch in kleine Röllchen schneiden. Quark mit Radieschen, Schnittlauch und etwas Öl vermischen und mit Salz und Pfeffer abschmecken. Abgegossene Kartoffeln in etwas Butter schwenken und zum Quark servieren.

Moosbacher Kürbis-Kartoffel-Reiberdatschi (Puffer)

Menge	Zutaten	Preis
250 g	Kartoffeln	0,16 €
750 g	Kürbis	1,13 €
2 Stück	Eier	0,26 €
3 EL	Mehl	0,05 €
1 Prise	Salz	0,05 €
125 ml	Speiseöl	0,17 €
720 g	Apfelmus (Glas)	0,49 €
100 g	Zucker	0,07 €
	Summe	**2,38 €**

Zubereitung

Kartoffeln schälen und waschen. Kürbis schälen und die Kerne mit einem Löffel herauskratzen. Beide Zutaten anschließend reiben und mit Eiern, Mehl und Salz verrühren. Etwas vom Öl in einer Pfanne erhitzen und den Teig esslöffelweise hineingeben, flach drücken, von beiden Seiten goldbraun und knusprig ausbacken. Die Datschi schmecken mit Zucker bestreut oder mit Apfelmus als Beilage.

Himmel und Erde

Menge	Zutaten	Preis
600 g	Kartoffeln	0,15 €
250 g	Zwiebeln	0,25 €
400 g	Äpfel	0,48 €
50 g	Butter	0,23 €
50 ml	Milch oder Sahne	0,11 €
1 Prise	Salz	0,05 €
1 Prise	Pfeffer	0,05 €
1 Prise	Muskat	0,05 €
1 TL	getrockneter Majoran	0,10 €
	Summe	**1,47 €**

Zubereitung

Zwiebeln fein würfeln und in einer Pfanne in der Butter dünsten. Kartoffeln schälen, würfeln und in einen Topf geben. Den kleineren Teil der Zwiebeln aus der Pfanne zu den Kartoffeln geben, salzen, pfeffern, Majoran zufügen und mit etwas Wasser übergießen. Kartoffeln zugedeckt in ca. 10 Minuten weich kochen. Äpfel schälen, vierteln, entkernen und in Scheiben schneiden. Zu den Kartoffeln geben und mitdünsten. Anschließend alles glatt stampfen, dabei etwas Milch zugeben, sodass ein cremiges Püree entsteht. Mit Muskat abschmecken. Zusammen mit den buttrigen Zwiebeln aus der Pfanne servieren.

Steinpilz-Kartoffel–„Risotto"

Menge	Zutaten	Preis
25 g	getrocknete Steinpilze	2,- €
50 g	Zwiebeln	0,05 €
3 Zehen	Knoblauch	0,24 €
30 g	Butter	0,14 €
1 kg	Kartoffeln	0,64 €
250 ml	Gemüsebrühe	0,05 €
1 Prise	Basilikum	0,05 €
50 g	geriebener Parmesan	0,60 €
1 Prise	Salz	0,05 €
1 Prise	Pfeffer	0,05 €
	Summe	**3,87 €**

Görlitzer Rühreier mit Sahne und Tomaten

Menge	Zutaten	Preis
100 g	Zwiebeln	0,10 €
40 g	Butter	0,18 €
200 g	Tomaten	0,20 €
8 Stück	Eier	1,03 €
100 ml	Sahne	0,22 €
1 Bund	frischer Schnittlauch	0,59 €
1 Prise	Salz	0,05 €
1 Prise	Pfeffer	0,05 €
½ Bund	frische Petersilie	0,30 €
	Summe	**2,72 €**

Zubereitung

Pilze in 300 ml Wasser 30 Minuten einweichen. In der Zeit Zwiebel und Knoblauch schälen, fein hacken. Kartoffeln schälen, waschen, ½ cm klein würfeln. Pilze im Sieb abtropfen lassen, Einweichwasser auffangen und durch eine Filtertüte gießen. Pilze würfeln, mit Zwiebel und Knoblauch in 1 EL Butter andünsten. Kartoffeln kurz mitbraten, mit Brühe und Pilzwasser aufgießen und offen bei mittlerer Hitze in etwa 15 Minuten weich garen (eventuell Brühe nachgießen). Häufig umrühren. Getrocknetes Basilikum mit der übrigen Butter und dem Käse unters Risotto mischen. Mit Salz und Pfeffer abschmecken.

Zubereitung

Zwiebel geschält und fein gehackt in Butter anbraten. Gewürfelte Tomaten dazugeben und ebenfalls kurz anbraten. Dann Eier und Sahne dazugeben und auf kleiner Flamme unter ständigem Rühren stocken lassen. Wenn die Eiermasse die gewünschte Festigkeit erreicht hat, das Ganze mit fein geschnittenem Schnittlauch vermischen und mit Salz und Pfeffer würzen. Auf Tellern anrichten und mit Petersilie garniert servieren. Als Beilage Brot mit Butter reichen.

Muttis Spinat-Käse-Omelett

Menge	Zutaten	Preis
8 Stück	Eier	1,03 €
100 ml	Milch	0,06 €
1 Prise	Salz	0,05 €
1 Prise	Pfeffer	0,05 €
1 Prise	Muskat	0,05 €
1 Prise	Chilipulver	0,05 €
100 g	Zwiebeln	0,10 €
225 g	Spinat (TK)	0,19 €
25 g	Butter	0,12 €
200 g	Feta-Käse	1,74 €
	Summe	**3,44 €**

Frankfurter Grüne Soße mit Ei

Menge	Zutaten	Preis
1 Bund	frische Petersilie	0,59 €
1 Bund	frischer Schnittlauch	0,59 €
1 Bund	frischer Estragon	1,29 €
100 g	Zwiebeln	0,10 €
200 g	saure Sahne	0,31 €
200 g	Joghurt	0,16 €
50 ml	Miracel Whip	0,19 €
2 EL	Speiseöl	0,05 €
4 EL	Essig	0,05 €
1 Prise	Salz	0,05 €
1 Prise	Pfeffer	0,05 €
8 Stück	Eier	1,03 €
800 g	Kartoffeln	0,10 €
	Summe	**4,56 €**

Zubereitung

Eier mit Milch in eine Schüssel geben und verrühren. Mit Salz, Pfeffer, Muskat und Chilipulver abschmecken. Spinat in einem Topf erhitzen, mit Salz und Pfeffer würzen. Wer mag, kann vorher eine Zwiebel glasig dünsten, bevor der Spinat dazukommt. Feta-Käse in Stücke schneiden. Butter in einer Pfanne erhitzen und ¼ der Eiermasse einfüllen. An der Unterseite stocken lassen. Wenn die Oberfläche noch ein kleines bisschen feucht ist, Spinat und Feta portionsweise auf einer Hälfte des Omeletts verteilen und dieses zuklappen, in eine Backschale legen. Mit den restlichen Omeletts ebenso verfahren. Die gefüllten Omeletts im Backofen bei 200 °C etwa 5 Minuten nochmals richtig heiß und kross werden lassen und servieren.

Zubereitung

Vorab: Es können auch andere Kräuter verwendet werden, z. B. Dill, Kresse oder Sauerampfer. Kräuter putzen, waschen und trocken tupfen. Fein hacken und miteinander vermengen. Zwiebeln schälen und fein würfeln. Kräuter mit saurer Sahne, Joghurt, Miracel Whip, Öl und Essig verrühren. Mit Salz und Pfeffer abschmecken. Eier hart kochen und abkühlen lassen. Pellen, würfeln und unterrühren. Die Soße zu heißen Salzkartoffeln servieren.

Ricotta-Spinat-Crespelle (Pfannkuchen)

Menge	Zutaten	Preis
80 g	Butter	0,38 €
180 g	Mehl	0,05 €
4 Stück	Eier	0,52 €
350 ml	Milch	0,21 €
1 Prise	Salz	0,05 €

Für die Füllung

Menge	Zutaten	Preis
450 g	Spinat (TK)	0,39 €
2 Zehen	Knoblauch	0,16 €
50 g	Schalotten	0,20 €
45 ml	Speiseöl	0,06 €
1 Prise	Pfeffer	0,05 €
1 Prise	Muskat	0,05 €
250 g	Ricotta	1,18 €
30 g	geriebener Parmesan	0,36 €
1 Prise	Salz	0,05 €
	Summe	**3,71 €**

Zubereitung

50 g der Butter zerlassen. Mehl mit 3 Eiern, Milch und Salz glatt rühren, Butter unterrühren. Teig etwa zehn Minuten gehen lassen. Danach nochmals durchrühren. In einer Pfanne aus dem Teig nacheinander etwa acht hauchdünne Pfannkuchen (Crespelle) backen. Dafür jeweils etwas Teig in die heiße Pfanne geben und durch Schwenken gleichmäßig verteilen. Crespelle von der Unterseite goldbraun backen, wenden und fertig backen. Für die Füllung Spinat auftauen. Knoblauch und Schalotten abziehen, würfeln und im heißen Öl andünsten. Spinat hinzufügen, salzen und etwa drei Minuten andünsten. Mit Pfeffer und Muskat würzen. Spinat auf ein Sieb geben, leicht ausdrücken und etwas abkühlen lassen. Ricotta auf einem Sieb abtropfen lassen und mit Eigelb und Parmesankäse zum Spinat geben, gut untermischen. Füllung kräftig mit Salz und Pfeffer abschmecken. Grill des Backofens vorheizen. Crespelle auf die Arbeitsfläche legen, jeweils etwas von der Füllung darauf geben, aufrollen und in eine feuerfeste Form legen. Restliche Butter in Flöckchen darauf verteilen und Parmesankäse darüberstreuen. Crespelle im Ofen goldbraun überbacken.

Rahm-Spinatrolle mit Feta-Füllung

Menge	Zutaten	Preis
450 g	Spinat (TK)	0,39 €
2 Stück	Eier	0,26 €
200 g	geriebener Edamer	1,19 €
100 g	Zwiebeln	0,10 €
2 Zehen	Knoblauch	0,16 €
1,5 EL	Speiseöl	0,05 €
100 g	Tomatenmark	0,20 €
200 g	Feta-Käse	1,74 €
1 Prise	Salz	0,05 €
1 Prise	Pfeffer	0,05 €
200 g	Kräuterfrischkäse	0,59 €
	Summe	**4,78 €**

Zubereitung

Spinat auftauen, mit den Eiern verquirlen und auf ein mit Backpapier ausgelegtes Backblech streichen. Den geriebenen Käse anschließend auf den Spinat streuen. Bei 180 °C Umluft (oder 200 °C Ober- und Unterhitze) ca. 20 Minuten backen. Vollständig auskühlen lassen. In der Zwischenzeit die fein gehackte Zwiebel mit dem gehackten Knoblauch in etwas Öl andünsten. Tomatenmark und Feta zugeben. Vom Herd nehmen. Mit einem Kartoffelstampfer alles gut durchstampfen. Mit Salz und Pfeffer abschmecken. Ist die Spinat-Käse-Platte gut ausgekühlt, mit dem Kräuterfrischkäse bestreichen. Dann Tomaten-Feta-Mix vorsichtig auf den Frischkäse streichen. (Das Tomatengemisch ist recht zäh und vermischt sich etwas mit dem Frischkäse – macht aber nichts.) Nun alles längs aufrollen (geht dank des Backpapiers sehr gut – einfach etwas am Rand lösen und dann mit Hilfe des Papiers vorsichtig rollen). Ist die Rolle fertig, gut in Alufolie einwickeln und für ein paar Stunden in den Kühlschrank legen. Die fertige Rolle in etwa 1,5 cm dicke Scheiben schneiden und auf dem Teller anrichten.

Vegetarischer Flammkuchen

Menge	Zutaten	Preis
100 g	Zwiebeln	0,10 €
2 Zehen	Knoblauch	0,16 €
400 g	Crème fraîche	0,98 €
200 g	geriebener Edamer	1,19 €
1 Prise	Salz	0,05 €
1 Prise	Pfeffer	0,05 €
1 Prise	Muskat	0,05 €
200 g	Porree	0,40 €
1 Dose	Champignons (314 ml)	0,49 €
900 g	Blätterteig (TK)	1,98 €
	Summe	**5,45 €**

Zubereitung

Zwiebeln und Knoblauch schälen und fein hacken. Mit Crème fraîche und ca. $^1/_3$ des Käses in einer Schüssel gut vermengen. Mit Salz, Pfeffer und Muskat würzen. Porree putzen, waschen und in dünne Ringe schneiden. Champignons in Scheiben schneiden. Blätterteig auftauen lassen und auf einem mit Backpapier ausgelegten Blech ausrollen. Die Crème-fraîche-Masse darauf verstreichen und mit Porree und Champignons belegen. Den übrigen Käse darüberstreuen. Im auf 180 °C vorgeheizten Ofen ca. 15 Minuten backen, bis der Käse goldbraun ist.

Odenwälder Zwiebelkuchen

Menge	Zutaten	Preis
700 g	Zwiebeln	0,70 €
80 ml	Speiseöl	0,11 €
6 Stück	Eier	0,77 €
150 ml	Milch	0,09 €
1 Prise	Salz	0,05 €
1 Prise	Pfeffer	0,05 €
100 g	Quark	0,15 €
20 g	Backpulver	0,10 €
180 g	Mehl	0,10 €
60 g	Butter	0,28 €
	Summe	**2,40 €**

Zubereitung

Zwiebeln schälen und in Ringe schneiden. In 6 EL Öl kurz andünsten. 4 Eier und die Milch verquirlen. Mit Salz und Pfeffer abschmecken. Quark mit 2 EL Öl, 2 Eier und etwas Salz verrühren. Backpulver mit dem Mehl vermischen, dazugeben und alles zu einem glatten Teig verarbeiten. Eine Backform einfetten und mit dem Teig auskleiden. Zwiebeln gleichmäßig darauf verteilen und die Eiermilch darübergießen. Im Backofen bei 175 °C in ca. 40 Minuten goldbraun backen. Warm oder kalt servieren.

Sizilianische Pizza

Menge	Zutaten	Preis
1 gr. Dose	geschälte Tomaten (850 ml)	0,69 €
3 Zehen	Knoblauch	0,24 €
5 EL	Olivenöl	0,19 €
50 g	Tomatenmark	0,10 €
1 TL	Oregano	0,15 €
1 EL	Zucker	0,05 €
1 Prise	Salz	0,05 €
1 Prise	Pfeffer	0,05 €
¾ Würfel	frische Hefe (30 g)	0,07 €
200 ml	Milch	0,12 €
350 g	Mehl	0,09 €
1 Stück	Ei	0,13 €
150 g	Zwiebeln	0,15 €
200 g	geriebener Parmesan	2,38 €
	Summe	**4,46 €**

Zubereitung

Tomaten mit der Gabel zerdrücken. Knoblauch schälen und fein hacken. In einer Pfanne in etwas Öl andünsten. Tomaten, Tomatenmark, Oregano und Zucker dazugeben und ca. 30 Minuten köcheln lassen. Mit Salz und Pfeffer abschmecken. Hefe in lauwarmer Milch auflösen. Mehl in eine Schüssel sieben. Mit der Hefe-Milch, Salz und Ei verkneten. Ca. 40–60 Minuten an einem warmen Ort mit einem Tuch zugedeckt gehen lassen. Den Teig nochmals kneten. Ausrollen, auf ein Backblech legen und weitere 30 Minuten zugedeckt gehen lassen. Zwiebeln schälen und fein hacken. Nacheinander Tomatensoße, Zwiebelwürfel und Parmesan auf dem Teig verteilen. Im vorgeheizten Backofen bei 220 °C ca. 20–25 Minuten backen. Vor dem Servieren mit Olivenöl beträufeln.

Gemüse mit Nudeln oder Reis

Champignon-Spätzlepfanne mit Porree

Menge	Zutaten	Preis
1 kg	Spätzle	1,18 €
250 g	Porree	0,50 €
250 g	Champignons (frisch)	0,99 €
100 g	Zwiebeln	0,10 €
30 g	Butter	0,14 €
2 EL	Speiseöl	0,05 €
1 EL	Zitronensaft	0,05 €
1 Prise	Salz	0,05 €
1 Prise	Pfeffer	0,05 €
25 g	Paprikapulver	0,25 €
30 g	Tomatenmark	0,06 €
200 ml	Sahne	0,43 €
200 g	geriebener Edamer	1,19 €
	Summe	**5,04 €**

Zubereitung

Spätzle nach Anweisung kochen. Porreestangen und Champignons putzen und in Scheiben schneiden. Zwiebeln schälen und würfeln. Beides in etwas zerlassener Butter anbraten. Etwas braten lassen (Gemüse sollte noch Biss haben). Spätzle dazugeben und gut durchmischen. Mit etwas Zitronensaft ablöschen. Mit Salz, Pfeffer, Paprikapulver und Tomatenmark würzen. Alles gut miteinander verrühren. Zum Schluss die Sahne hinzugeben und den geriebenen Edamer untermischen. Mit Salz und Pfeffer abschmecken.

Schwäbische Zwiebel-Käsespätzle

Menge	Zutaten	Preis
500 g	Spätzle	0,59 €
1 Prise	Salz	0,05 €
60 g	Butter	0,29 €
200 g	Zwiebeln	0,20 €
1 Prise	Pfeffer	0,05 €
300 g	Gouda	1,38 €
½ Bund	frischer Schnittlauch	0,30 €
	Summe	**2,86 €**

Zubereitung

Spätzle nach Packungsanweisung in Salzwasser bissfest garen. Ein wenig Butter in einer Pfanne erhitzen und darin die in feine Ringe geschnittenen Zwiebeln bräunen. Spätzle abtropfen lassen und in eine gefettete feuerfeste Form, abwechselnd mit den Zwiebelringen, einschichten. Jede Lage mit Salz und Pfeffer würzen und mit geriebenem Käse bestreuen, mit Käse abschließen. Im Backofen bei 180 °C etwa zehn Minuten überbacken, bis der Käse geschmolzen und goldbraun ist. Auf dem Teller anrichten und mit fein gehacktem Schnittlauch bestreut servieren.

Böblinger Käsespätzle an Spitzkohl

Menge	Zutaten	Preis
750 g	Spätzle	0,89 €
150 g	Zwiebeln	0,15 €
600 g	Spitzkohl	1,23 €
2 EL	Speiseöl	0,05 €
1 Prise	Salz	0,05 €
1 Prise	Pfeffer	0,05 €
60 g	Butter	0,29 €
½ Bund	frische Petersilie	0,59 €
150 g	geriebener Emmentaler	0,89 €
1 TL	Paprikapulver	0,05 €
	Summe	**4,24 €**

Zubereitung

Spätzle nach Anweisung in Salzwasser kochen. Zwiebeln schälen und in sehr dünne Ringe schneiden. Spitzkohl waschen, vierteln und vom Strunk befreien. Anschließend Kohl in feine Streifen schneiden. Öl in einer großen beschichteten Pfanne erhitzen, Zwiebeln und Kohlstreifen darin 2–3 Minuten unter Rühren dünsten. Mit Salz und Pfeffer würzen. Spitzkohl aus der Pfanne nehmen. Butter in der Pfanne zerlassen, Spätzle darin unter Wenden 2–3 Minuten goldbraun braten. Kohlmischung wieder hinzufügen und 1 Minuten mitbraten. Mit Salz, Pfeffer und Paprikapulver würzen. Petersilie und den Käse darüberstreuen. Deckel auflegen und bei mittlerer Hitze zugedeckt 5 Minuten ziehen lassen, bis der Käse geschmolzen ist.

Spaghetti con salsa al limone

Menge	Zutaten	Preis
500 g	Spaghetti	0,39 €
2 Stück	Zitronen	0,46 €
75 ml	Olivenöl	0,28 €
3 Zehen	Knoblauch	0,24 €
1 Prise	Salz	0,05 €
1 Prise	Pfeffer	0,05 €
1 Bund	frische Petersilie	0,59 €
100 g	geriebener Parmesan	1,19 €
	Summe	**3,25 €**

Zubereitung

Spaghetti in Salzwasser bissfest kochen. In der Zwischenzeit Zitronen auspressen und mit Olivenöl vermischen. Knoblauchzehen hacken, leicht salzen und dann zerdrücken. Knoblauch in die Öl-Zitronensoße geben. Soße mit Salz und Pfeffer abschmecken und leicht erwärmen. Petersilie waschen, Blätter klein hacken und in die Soße geben. Gekochte Spaghetti abtropfen lassen, in die Soße geben und gut vermischen. Spaghetti auf Tellern anrichten und mit Parmesan bestreut servieren.

Spaghetti mit Chili-Soße (Alio e Olio)

Menge	Zutaten	Preis
500 g	Spagetti	0,39 €
150 ml	Olivenöl	0,56 €
100 g	Tomatenmark	0,20 €
4 Zehen	Knoblauch	0,32 €
40 g	Chilischoten	0,38 €
1 Prise	Salz	0,05 €
1 Prise	Pfeffer	0,05 €
	Summe	**1,95 €**

Zubereitung

Spaghetti in Salzwasser bissfest kochen und abtropfen lassen. Olivenöl mit Tomatenmark in einem Topf erhitzenden. Kleingehackte Knoblauchzehen und gewürfelte Chilischoten zufügen. Bei mittlerer Hitze unter ständigem Rühren gut erwärmen und reichlich mit Salz und Pfeffer würzen. Spaghetti zugeben und alles gut vermischen. Zum Schluss mit etwas frischem Pfeffer bestreuen und sofort servieren.

Zucchini-Tomaten-Spaghetti mit Schafskäse

Menge	Zutaten	Preis
500 g	Spaghetti	0,39 €
400 g	Tomaten	0,40 €
400 g	Zucchini	0,60 €
200 g	Feta-Käse	1,74 €
2 EL	Olivenöl	0,07 €
30 g	Tomatenmark	0,06 €
1 l	Gemüsebrühe	0,08 €
1 Prise	Salz	0,05 €
1 Prise	Pfeffer	0,05 €
15 g	Basilikum getrocknet	0,49 €
20 g	Soßenbinder	0,05 €
	Summe	**3,98 €**

Zubereitung

Spaghetti wie gewohnt in Salzwasser kochen. Tomaten, Zucchini und Feta in kleine Stücke schneiden. Tomaten und Zucchini mit dem Olivenöl in einer Pfanne anbraten. Tomatenmark und die Gemüsebrühe hinzugeben. Mit Salz, Pfeffer und Basilikum würzen. Wenn die Soße zu flüssig ist, etwas Soßenbinder hinzugeben. Spaghetti mit der Soße anrichten, kurz ziehen lassen und zum Schluss mit Feta-Stückchen garniert servieren.

Zitronen-Rucola-Pasta mit weißem Spargel

Menge	Zutaten	Preis
1 kg	Spargel weiß	3,95 €
2 Stück	Zitronen (bio)	0,79 €
4 Zehen	Knoblauch	0,32 €
10 g	Chilischoten	0,16 €
1 Bund	Rucola	1,49 €
120 ml	Olivenöl	0,45 €
1 Prise	Salz	0,05 €
1 Prise	Pfeffer	0,05 €
400 g	Spaghetti	0,31 €
½ TL	Peperoni	0,05 €
25 g	Honig	0,11 €
50 g	geriebener Parmesan	0,60 €
	Summe	**8,33 €**

Zubereitung

Spargel schälen, längs halbieren und in ca. 5 cm lange Stücke schneiden. Zitronen heiß waschen, Schale abreiben und Saft auspressen. Knoblauchzehen schälen und sehr fein würfeln. Chilischote waschen, entkernen und auch in kleine Würfel schneiden. Rucola waschen, trocken schleudern, Stängel abschneiden und etwas zerkleinern. In eine große Pfanne 3 EL Öl geben und Spargelstücke zunächst bei starker Hitze anbraten. Wenn sie beginnen zu bräunen, den Herd auf mittlere Hitze zurückschalten und ca. 10 Minuten braten (orientiert sich an der Dicke der Stücke). Dann mit Salz und Pfeffer würzen und den Rucola noch kurz mit in die Pfanne geben, damit er warm wird. Während der Spargel brät, Wasser für die Pasta aufsetzen und sie bissfest in Salzwassers kochen. Aus Zitronenschale, Zitronensaft, Peperoni, etwas Honig, Salz, Pfeffer, 5 EL Olivenöl und Knoblauch eine Vinaigrette herstellen und mit den gekochten Nudeln mischen. Die Pasta auf die Teller verteilen und jeweils gebratenen Spargel darauf geben. Bei Bedarf noch etwas Parmesan darüberreiben.

Nudeln in Honig-Möhrencreme-Soße

Menge	Zutaten	Preis
400 g	Möhren	0,40 €
30 g	Butter	0,14 €
50 g	Honig	0,23 €
1 Prise	Salz	0,05 €
1 Prise	Pfeffer	0,05 €
200 ml	Sahne	0,43 €
250 ml	Brühe	0,05 €
400 g	Bandnudeln	0,47 €
50 g	Mandeln, gehobelt	0,33 €
	Summe	**2,15 €**

Zubereitung

Möhren schälen und klein würfeln. Butter zerlassen und Möhren darin kurz anschwitzen. Mit Honig, Salz und Pfeffer würzen. Anschließend mit Sahne und 250 ml Brühe angießen. Zugedeckt bei schwacher Hitze ca. 10–12 Minuten köcheln lassen. Nudeln in Salzwasser nach Anweisung bissfest garen. Mandelblättchen in der Pfanne ohne Fett goldgelb anrösten. Ca. $^1/_3$ der Möhren aus dem Topf nehmen. Die restlichen Möhren pürieren. Wieder aufkochen lassen, Möhrenstücke untermischen und abschmecken. Mit den Nudeln vermischen und mit Mandelblättchen bestreut anrichten.

Paprika-Curry-Bandnudeln

Menge	Zutaten	Preis
750 g	Bandnudeln	0,89 €
1 Prise	Salz	0,05 €
100 g	Zwiebeln	0,10 €
2 Zehen	Knoblauch	0,16 €
90 ml	Speiseöl	0,13 €
250 g	Paprika rot	1,25 €
250 g	Paprika grün	1,25 €
1 Prise	Pfeffer	0,05 €
10 g	Currypulver	0,10 €
200 g	Crème fraîche	0,49 €
½ Bund	frischer Schnittlauch	0,30 €
	Summe	**4,77 €**

Zubereitung

Bandnudeln in Salzwasser mit 2 EL Öl bissfest kochen. Fein geschnittene Zwiebel und gepressten Knoblauch in 1 EL Öl in einer Pfanne leicht anschwitzen. Paprika waschen, entkernen und klein würfeln. In die Pfanne und kurz mit andünsten. Mit Salz, Pfeffer und Curry würzen. Zum Schluss die Crème fraîche unterrühren. Die Nudeln mit der Soße vermischen. Mit ein wenig gehacktem Schnittlauch bestreut servieren.

Bandnudeln in Paprikasoße (Salsa di pepe)

Menge	Zutaten	Preis
300 g	Paprika rot	1,49 €
150 g	Zwiebeln	0,15 €
1 Bund	Sellerie	1,15 €
50 g	Butter	0,24 €
400 g	Bandnudeln	0,47 €
1 Prise	Salz	0,05 €
200 g	saure Sahne	0,31 €
1 Prise	Pfeffer	0,05 €
½ Bund	frische Petersilie	0,30 €
	Summe	**4,21 €**

Zubereitung

Paprika waschen, häuten und entkernen, anschließend würfeln. Zwiebeln abziehen und fein hacken. Selleriestangen waschen und in feine Scheiben schneiden, Zwiebeln in der Hälfte der Butter andünsten, Paprikastücke dazugeben und mitdünsten. Mit 100 ml Wasser angießen, Paprika darin weichköcheln. Nudeln in Salzwasser nach Anweisung bissfest garen. Sauerrahm zur Paprikamischung geben und alles mit einem Stabmixer zerkleinern. Mit Salz und Pfeffer abschmecken. Selleriescheiben in der restlichen Butter dünsten. Nudeln abgießen, mit der Soße vermischen, Selleriescheiben und Petersilienblättchen darüberstreuen.

Feurige Tomaten-Penne auf Rucola und Schafskäse

Menge	Zutaten	Preis
500 g	Penne (Nudeln)	0,39 €
600 g	Tomaten	0,60 €
250 g	Rucola	2,98 €
400 g	Feta-Käse	3,48 €
3 Zehen	Knoblauch	0,24 €
2 EL	Olivenöl	0,07 €
1 Prise	Salz	0,05 €
1 Prise	Pfeffer	0,10 €
1 Prise	Chilipulver	0,10 €
	Summe	**8,01 €**

Zubereitung

Nudeln in Salzwasser nach Anweisung bissfest garen. In der Zwischenzeit die Tomaten waschen und vierteln. Rucola waschen und gut abtropfen lassen. Nun den Schafskäse klein würfeln und den Knoblauch ganz fein schneiden (oder pressen). Etwas Olivenöl in einer Pfanne erhitzen, Knoblauch und Tomaten kurz andünsten (max. 5 Minuten). Es sollte nicht matschig werden! Jetzt gut würzen und kurz bevor die Nudeln fertig sind, den Rucola daruntermischen (nur ca. 1 Minuten, damit er nicht komplett zerkocht). Dann die fertigen Nudeln hinzugeben und zum Schluss die Feta-Würfel. Gleich servieren!

Mediterrane Reis-Zucchini-Pfanne mit Schafskäse

Menge	Zutaten	Preis
6 EL	Olivenöl	0,22 €
150 g	Zwiebeln	0,15 €
400 g	Zucchini	0,60 €
3 Zehen	Knoblauch	0,24 €
250 g	Reis	0,23 €
200 g	Tomatenmark	0,39 €
1 l	Gemüsebrühe	0,08 €
1 Prise	Salz	0,05 €
1 Prise	Pfeffer	0,05 €
400 g	Feta-Käse	3,48 €
	Summe	**5,49 €**

Zubereitung

Olivenöl in einer großen Pfanne erhitzen und die gewürfelten Zwiebeln darin anschwitzen. Zucchini waschen, vierteln und in Scheiben schneiden. Zusammen mit dem Knoblauch zu den Zwiebeln geben und einige Zeit mitbraten. Ungekochten Reis hinzufügen und ebenfalls etwas mitbraten. Tomatenmark mit dem Schneebesen in die Gemüsebrühe einrühren und damit den Reis ablöschen. Dann alles aufkochen lassen. Mit Salz und Pfeffer abschmecken und ca. 20 Minuten auf kleiner Stufe köcheln lassen, bis der Reis die Soße aufgesogen hat und gar ist. Gelegentlich dabei umrühren (sollte zuwenig Flüssigkeit vorhanden sein, einfach noch ein wenig Gemüsebrühe unterrühren). Kurz vor dem Servieren den gewürfelten Feta-Käse unter das Gericht mischen und etwas verlaufen lassen.

Polenta mit Champignons

Menge	Zutaten	Preis
50 g	Zwiebeln	0,05 €
3 Zehen	Knoblauch	0,24 €
2 EL	Olivenöl	0,07 €
½ Dose	geschälte Tomaten (425 ml)	0,35 €
1 Prise	Salz	0,05 €
1 Prise	Pfeffer	0,05 €
1 Dose	Champignons (314 ml)	0,49 €
1 EL	Zitronensaft	0,05 €
1 Prise	Muskat	0,05 €
1 Bund	frische Petersilie	0,59 €
500 g	Polenta (Maisgries)	1,- €
500 ml	Gemüsebrühe	0,05 €
30 g	geriebener Parmesan	0,57 €
	Summe	**3,61 €**

Zubereitung

Zwiebel und Knoblauchzehen abziehen, fein würfeln und in ½ EL Olivenöl dünsten. Tomaten zufügen. Mit Salz und Pfeffer würzen und ca. 10 Minuten köcheln lassen. Pilze putzen, eventuell klein schneiden und in 1 EL Olivenöl weich dünsten. Mit Zitronensaft, Muskat und Pfeffer würzen. Petersilie waschen, trocken schütteln und hacken. Mit den Pilzen mischen. Inzwischen Polenta in Gemüsebrühe bei milder Hitze und unter Rühren aufkochen lassen, bis der Grieß einzudicken beginnt. Dick auf ein Brett streichen und erkalten lassen. Anschließend in Rauten schneiden und in einer beschichteten Pfanne in 1 EL Olivenöl von beiden Seiten erhitzen. Pilze auf der Polenta verteilen. Mit Parmesan bestreut servieren.

Gefüllte Paprikaschoten

Menge	Zutaten	Preis
200 g	Reis	0,18 €
200 g	Zwiebeln	0,20 €
2 Zehen	Knoblauch	0,16 €
3 EL	Olivenöl	0,11 €
400 g	Zucchini	0,60 €
200 g	Feta-Käse	1,74 €
4 große	Paprikaschoten	3,35 €
800 ml	Gemüsebrühe	0,07 €
1 Prise	Salz	0,05 €
1 Prise	Pfeffer	0,05 €
	Summe	**6,51 €**

Zubereitung

Reis nach Anweisung in Salzwasser kochen. Zwiebeln und Knoblauch klein würfeln und in einer Pfanne in Olivenöl glasig werden lassen. Zucchini klein schneiden, in die Pfanne geben und bissfest dünsten. Zucchini mit dem Reis mischen, gewürfelten Feta-Käse unterheben und alles gut würzen. Paprika waschen und am Stielende jeweils einen Deckel abschneiden. Reismasse in die Paprika füllen und diese in eine feuerfeste Form stellen. Eine halbe Tasse Wasser in die Form gießen. Im auf 180 °C vorgeheizten Ofen ca. 1 Stunde garen. Die Füllung schmeckt auch sehr gut als Beilage.

Gebratener Gemüse-Reis mit Eierfladen

Menge	Zutaten	Preis
400 g	Reis (Langkorn)	0,36 €
1 Prise	Salz	0,05 €
250 g	Champignons	1,18 €
200 g	Brokkoli	0,26 €
½ Bund	Sellerie	0,58 €
2 Stück	Eier	0,26 €
2 EL	Mehl	0,05 €
1 Bund	frische Petersilie	0,59 €
2 EL	Speiseöl	0,05 €
2 Bund	Frühlingszwiebeln	1,19 €
1 – 2 EL	Sojasoße	0,15 €
1 Prise	Pfeffer	0,05 €
	Summe	**4,77 €**

Zubereitung

Reis nach Anweisung in Salzwasser weichkochen und abtropfen lassen. Gemüse putzen. Champignons vierteln, Brokkoli in Röschen teilen. Sellerie und Frühlingszwiebeln klein schneiden. Eier mit einem gehäuften TL Mehl, ½ Bund gehackter Petersilie und einer Prise Salz verrühren. Ein wenig Öl erhitzen, Teig dünn eingießen und kurz backen, bis die Oberfläche trocken ist. Danach wenden und fertig backen. Ausgekühlt in feine Streifen schneiden. Brokkoli, Sellerie und Frühlingszwiebeln nacheinander bissfest kochen, abschrecken und abtropfen lassen. Champignons in wenig Öl anbraten, Gemüse und Reis zugeben und vorsichtig unterrühren. Zum Schluss Reis mit Salz, Pfeffer und Sojasoße würzen und Eierfladenstreifen unterheben.

Parmesan-Risotto mit Poree

Menge	Zutaten	Preis
100 g	Zwiebeln	0,10 €
3 EL	Butter	0,10 €
2 Zehen	Knoblauch	0,16 €
250 g	Rundkornreis	0,75 €
1 Glas	trockener Weißwein	0,37 €
1 l	Gemüsebrühe	0,08 €
300 g	Porree	0,60 €
1 TL	Rosmarin	0,12 €
1 Prise	Salz	0,05 €
1 Prise	Pfeffer	0,05 €
1 Prise	Muskat	0,05 €
50 g	geriebener Parmesan	0,60 €
1 Stück	Zitrone (bio)	0,40 €
	Summe	**3,43 €**

Zubereitung

Gehackte Zwiebel in Butter andünsten, Knoblauch pressen und mit dem Rosmarin hinzufügen. Reiskörner langsam einstreuen und rühren, bis alle Körner mit Butter überzogen sind. Nach und nach mit Wein ablöschen. Sobald die Flüssigkeit verkocht ist, geduldig heiße Brühe hinzugeben. (Immer erst hinzugießen, wenn die vorhergehende Menge eingekocht ist.) Porree waschen und in Scheiben schneiden. In einer Pfanne in Butter dünsten. Zum Risotto geben. Mit Salz, Pfeffer, Muskat und abgeriebener Zitronenschale würzen. Parmesan unter den garen Risotto rühren.

Aufläufe und Gratins

Norddeutsches Nudel-Spargel-Gratin

Menge	Zutaten	Preis
250 g	Porree	0,50 €
1 Zehe	Knoblauch	0,08 €
1 Bund	frische Petersilie	0,59 €
½ Bund	frischer Schnittlauch	0,30 €
3 EL	Olivenöl	0,11 €
300 g	Muschelnudeln	0,96 €
500 ml	Gemüsebrühe	0,05 €
750 g	Spargel	2,96 €
1 Prise	Salz	0,05 €
1 Prise	Pfeffer	0,05 €
150 ml	Sahne	0,32 €
50 g	geriebener Parmesan	0,60 €
	Summe	**6,57 €**

Zubereitung

Porree in feine Ringe schneiden, Knoblauch, Petersilie und Schnittlauch fein hacken. Olivenöl in einer Pfanne erhitzen, Porree und Knoblauch darin glasig andünsten. Die rohen Nudeln dazugeben, kurz andünsten und mit $^1/_3$ der Gemüsebrühe ablöschen. Unter Rühren die Flüssigkeit fast vollständig von den Nudeln aufnehmen lassen. Inzwischen den Spargel in 2 cm große Stücke schneiden, die unteren Enden weglassen. Nochmals $^1/_3$ der Brühe zugießen und den geschnittenen Spargel daruntermischen. Immer wieder gut umrühren. Wenn die Flüssigkeit verkocht ist, den Rest der Brühe beigeben. Wenn die Nudeln weich sind und die Flüssigkeit verkocht ist, mit Salz, Pfeffer, Petersilie und Schnittlauch würzen. Sahne und Parmesan unterrühren. Das Ganze in eine feuerfeste Form und bei 200 °C für 25 Minuten überbacken. Wenn der Käse eine schöne Farbe bekommen hat, ist es fertig.

Grünkohlauflauf mit Käse-Mandelkruste

Menge	Zutaten	Preis
200 g	Zwiebeln	0,20 €
40 g	Butter	0,18 €
1 kg	Grünkohl	1,98 €
1 Prise	Salz	0,05 €
50 g	Möhren	0,15 €
1 Prise	Pfeffer	0,05 €
150 ml	Gemüsebrühe	0,05 €
100 g	Haferflocken	0,07 €
100 g	Mandeln	0,65 €
250 g	Gouda	1,15 €
	Summe	**4,53 €**

Toskanischer Gemüse-Makkaroni-Auflauf

Menge	Zutaten	Preis
500	Makkaroni	1,29 €
50 g	Zwiebeln	0,05 €
250 g	Champignons (frisch)	0,99 €
1 Stück	Paprika rot	0,75 €
1 Stück	Paprika gelb	0,75 €
1,5 EL	Speiseöl	0,05 €
1 Prise	Oregano	0,05 €
200 g	Erbsen (TK)	0,79 €
1 Dose	geschälte Tomaten (425 ml)	0,35 €
1 Prise	Salz	0,05 €
1 Prise	Pfeffer	0,05 €
150 g	geriebener Edamer	0,89 €
	Summe	**6,06 €**

Zubereitung

Zwiebeln schälen, in schmale Streifen schneiden und in Butter zugedeckt ca. 10 Minuten dünsten. Grünkohl in viel Wasser gründlich waschen, abtropfen lassen und von den Stielen streifen. Portionsweise in reichlich Salzwasser jeweils ca. 1 Minute vorgaren. Herausnehmen, abtropfen lassen und grob hacken. Möhren schälen oder kräftig waschen und würfeln. Möhren und Grünkohl mit den vorgedünsteten Zwiebeln mischen. Gemüse mit Salz und Pfeffer würzen, die Gemüsebrühe zugeben. Zugedeckt 45 Minuten garen. 30 g Butter zerlassen, Haferflocken und Mandeln darin anrösten. In den letzten 10 Minuten unter den Grünkohl mischen. Anschließend Kohl in eine gefettete Auflaufform füllen. Käse grob raspeln und über den Auflauf streuen. Bei 200 °C ca. 12 Minuten überbacken.

Zubereitung

Makkaroni nach Anleitung kochen und abgießen. Zwiebeln hacken, Champignons vierteln. Paprika waschen, entkernen und in Scheiben schneiden. Alles in erhitztem Öl kurz andünsten. Oregano, Erbsen und geschälte Tomaten zufügen, salzen, pfeffern und ca. 5 Minuten schmoren. Danach Gemüse mit den Makkaroni vermengen. Alles in eine Auflaufform füllen und mit dem Käse bestreuen. Bei 200 °C ca. 25 Minuten goldbraun backen.

Schlesischer Erdapfel-Sauerkraut-Auflauf

Menge	Zutaten	Preis
800 g	Kartoffeln	0,51 €
100 g	Zwiebeln	0,10 €
2 Zehen	Knoblauch	0,16 €
500 g	Sauerkraut	0,29 €
250 g	Äpfel	0,30 €
50 g	Tomatenmark	0,10 €
1 TL	Basilikum getrocknet	0,05 €
1 Prise	Salz	0,05 €
1 Prise	Pfeffer	0,05 €
1 Prise	Muskat	0,05 €
800 g	Tomaten	0,79 €
	Summe	**2,45 €**

Zubereitung

Erdäpfel (Kartoffeln) als Salz-kartoffeln kochen und ein wenig zerdrücken. Sie können aber auch in Scheibchen geschnitten wer-den. Zwiebeln und Knoblauch in einer Pfanne ohne Fett glasig anschwitzen. Äpfel reiben (Kern-gehäuse und Stiel entfernen). Mit Sauerkraut und Tomatenmark zusammen in die Pfanne geben und alles ca. 5 Minuten dünsten. Mit Basilikum, Salz, Pfeffer und Muskat würzen. Die Tomaten in dünne Scheiben schneiden. Eine Auflaufform vorbereiten, die Hälfte vom Sauerkraut hineinge-ben, darauf die Hälfte der Kartof-feln, dann alle Tomaten, die rest-lichen Kartoffeln und zuletzt das restliche Kraut. Ca. 25 Minuten bei 180 °C Heißluft backen.

Schlesischer Kürbis-Erdapfel-Gratin

Menge	Zutaten	Preis
750 g	Kartoffeln	0,48 €
1.000 g	Kürbis	1,50 €
150 g	Tomaten	0,15 €
500 ml	Gemüsebrühe	0,05 €
200 g	saure Sahne	0,31 €
200 g	geriebener Emmentaler	1,19 €
100 g	Zwiebeln	0,10 €
1 Zehe	Knoblauch	0,08 €
1 TL	Basilikum getrocknet	0,05 €
1 Prise	Salz	0,05 €
1 Prise	Pfeffer	0,05 €
1 Prise	Chilipulver	0,05 €
	Summe	**4,06 €**

Zubereitung

Erdäpfel (Kartoffeln) bissfest kochen. Kürbis waschen, Kerne entfernen und samt Schale in ca. 1 cm große Würfel schneiden. In Gemüsebrühe bissfest kochen und abkühlen lassen. Erdäpfel schälen, in Scheiben schneiden und in eine Auflaufform legen. Tomaten waschen und halbieren und auf die Erdäpfel geben. Ein wenig Ba-silikum dazwischen streuen. Kür-biswürfel mit der sauren Sahne vermischen und mit Salz, Pfeffer, gepresstem Knoblauch und Chi-lipulver würzen. Emmentaler zur Hälfte untermengen. Kürbismas-se über die Erdäpfel geben und mit dem restlichen Emmentaler bestreuen. Bei 180 °C ca. 20 Mi-nuten goldgelb backen.

Kürbis-Soufflé

Menge	Zutaten	Preis
100 g	Zwiebeln	0,10 €
2 Zehen	Knoblauch	0,16 €
2 EL	Olivenöl	0,07 €
10 g	Chilischote	0,16 €
500 g	Kürbis	0,75 €
1 Prise	Salz	0,05 €
1 Prise	Pfeffer	0,05 €
50 g	geriebener Emmentaler	0,30 €
3 Stück	Eier	0,39 €
1 EL	Butter	0,05 €
	Summe	**2,08 €**

Zubereitung

Zwiebeln und Knoblauchzehen würfeln und in heißem Öl dünsten. Chilischote entkernen und fein geschnitten hinzufügen. Kürbisfleisch (ohne Kerne und Schale) in Stücke schneiden. Mit Salz, Pfeffer und Muskat würzen und weich dünsten. Mit einem Stabmixer pürieren. Käse und Eigelbe unter die heiße Masse mischen. Eiweiße zu Eischnee schlagen und unter die abgekühlte Creme ziehen. Feuerfeste Form buttern und die Kürbismasse einfüllen. Bei 180 °C Umluft ca. 20 Minuten backen lassen.

Ditzinger Brokkoli-Pilz-Auflauf

Menge	Zutaten	Preis
600 g	Brokkoli	0,78 €
500 g	Champignons	1,98 €
800 g	Kartoffeln	0,51 €
200 g	Crème fraîche	0,49 €
200 ml	Sahne	0,43 €
3 EL	Speisestärke	0,05 €
1 Prise	Salz	0,05 €
1 Prise	Pfeffer	0,05 €
300 g	geriebener Edamer	1,79 €
	Summe	**6,13 €**

Zubereitung

Frischen Brokkoli putzen, zerkleinern (kleine Röschen) in eine Auflaufform geben. Frische Champignons putzen und in Scheiben schneiden. Kartoffeln schälen, in kleine Würfel schneiden. Champignons und Kartoffeln mit in die Auflaufform geben. Crème fraîche mit Sahne, Speisestärke, Salz, Pfeffer und etwa $^1/_3$ der Käsemenge verrühren. Dann zu dem Kartoffel-Gemüsegemisch geben und vermengen. Mit dem restlichen Käse bestreuen und ca. 80–90 Minuten bei 160 °C Umluft im Backofen goldgelb backen.

Blumenkohl-Möhren-Gratin

Menge	Zutaten	Preis
1 Kopf	Blumenkohl	0,99 €
1 Prise	Salz	0,05 €
800 g	Möhren	0,79 €
400 ml	Sahne (oder Milch)	0,86 €
1,5 l	Gemüsebrühe	0,12 €
100 g	Zwiebeln	0,10 €
3 EL	Speiseöl	0,10 €
30 g	Mehl	0,05 €
15 g	Senf	0,05 €
100 g	geriebener Edamer	0,60 €
1 Prise	Pfeffer	0,05 €
	Summe	**3,76 €**

Zubereitung

Röschen vom Blumenkohl abteilen und 5 Minuten in Salzwasser blanchieren. Möhren putzen, in etwa 0,5 cm dicke Scheiben schneiden und ebenfalls 4 Minuten in das Salzwasser geben. Danach beides in einem Sieb abtropfen lassen und in eine Auflaufform umfüllen. Sahne (wer es kalorienbewusster mag, kann hier auch Milch verwenden) mit der Gemüsebrühe mischen. Zwiebel würfeln und in etwas Öl glasig anschwitzen. Mit Mehl und Sahne-Brühe eine Mehlschwitze herstellen, Senf und Käse dazugeben. Mit Pfeffer und Salz abschmecken und die Soße danach über dem Gemüse verteilen. Für 15 Minuten bei ca. 200 °C im vorgeheizten Backofen backen. Heiß servieren.

Kirstens überbackene Käse-Champignons

Menge	Zutaten	Preis
750 g	Champignons (frisch)	2,97 €
1 Bund	frische Petersilie	0,59 €
100 g	Zwiebeln	0,10 €
80 g	Butter	0,38 €
300 g	Gouda am Stück	1,38 €
150 g	Crème fraîche	0,37 €
1 Prise	Salz	0,05 €
1 Prise	Pfeffer	0,05 €
2 Zehen	Knoblauch	0,16 €
	Summe	**6,05 €**

Zubereitung

Petersilie grob hacken. Zwiebel und Knoblauch schälen und fein würfeln. Pilzstiele abknicken und fein hacken. Alles in einer Pfanne andünsten (ohne Deckel). Abkühlen lassen. Käse reiben, die Hälfte mit Crème fraîche unter die Pilzmasse rühren. Mit Salz und Pfeffer würzen. Auflaufform mit Butter auspinseln, Pilzköpfe mit der Oberseite nach unten in die Auflaufform stellen, mit zwei Teelöffeln die Masse in die Köpfe füllen und mit dem Rest Käse bestreuen. Bei 200 °C 10–15 Minuten überbacken.

Zubereitung

Gemüsebrühe zum Kochen bringen, ganz von der Kochstelle nehmen und den Couscous hinzufügen. Mindestens 5 Minuten quellen lassen. Paprika waschen, entkernen und in Streifen schneiden. Zwiebeln schälen und grob hacken. Beides zusammen mit den Erbsen in einer flachen Auflaufform verteilen. Feta-Käse in Würfel schneiden und auf dem Gemüse verteilen. Leicht mit Salz und Pfeffer würzen, dabei aber den Salzgehalt vom Käse berücksichtigen, und etwas gehackte Petersilie darüberstreuen. Jetzt den Couscous auf dem Gemüse verteilen, sodass alles bedeckt ist. Die Crème fraîche mit der süßen Sahne verrühren und mit Salz, Pfeffer und Knoblauch abschmecken. Auf den Auflauf geben und alles gut damit einstreichen. Nochmals Petersilie darüberstreuen. Den geriebenen Käse darauf verteilen und die Form in den kalten Backofen stellen. Auf 180 °C schalten und den Auflauf bei Ober-/Unterhitze 50–60 Minuten backen. Der Auflauf ist fertig, wenn der Käse schön goldbraun ist.

Afrikanischer Gemüse-Auflauf mit Couscous

Menge	Zutaten	Preis
500 ml	Gemüsebrühe	0,05 €
250 g	Couscous	0,65 €
200 g	Paprika rot	1,- €
150 g	Zwiebeln	0,15 €
150 g	Erbsen (TK)	0,60 €
200 g	Feta-Käse	1,74 €
1 Prise	Salz	0,05 €
1 Prise	Pfeffer	0,05 €
½ Bund	frische Petersilie	0,30 €
400 g	Crème fraîche	0,98 €
200 ml	Sahne	0,43 €
2 Zehen	Knoblauch	0,16 €
100 g	geriebener Edamer	0,60 €
	Summe	**6,76 €**

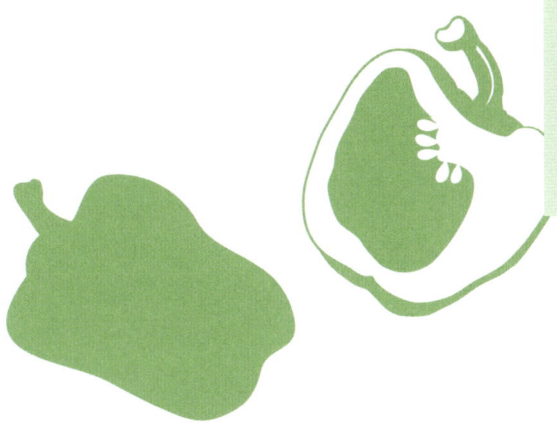

Asiatischer Reisauflauf

Menge	Zutaten	Preis
200 g	Reis	0,18 €
1 Prise	Salz	0,05 €
150 g	Zwiebeln	0,15 €
150 g	Möhren	0,15 €
400 g	Paprika	2,- €
1 Bund	Staudensellerie	1,15 €
1 TL	Currypulver	0,05 €
50 ml	Sojasoße	0,59 €
50 ml	Essig	0,05 €
1 Dose	Kidneybohnen (425 g)	0,35 €
½ TL	Paprikapulver	0,05 €
200 g	Joghurt	0,16 €
50 g	Tomatenmark	0,10 €
1 Prise	Pfeffer	0,05 €
100 g	geriebener Edamer	0,60 €
	Summe	**5,68 €**

Zubereitung

Reis nach Packungsangabe bissfest in Salzwasser garen. Paprika waschen, entkernen und klein würfeln, Zwiebeln, Staudensellerie und Möhren ebenfalls fein würfeln. Zwiebeln nach Geschmack mit Currypulver im Topf anschwitzen, Staudensellerie und Möhren dazugeben. Mit Sojasoße und Essig ablöschen und ca. 5 Minuten garen. Kidneybohnen samt der Flüssigkeit und Paprika dazugeben, weitere 10 Minuten köcheln lassen. Zum Schluss Joghurt und Tomatenmark hinzugeben und mit den restlichen Gewürzen abschmecken. Reis mit dem Gemüse vermengen und in eine Auflaufform geben. Mit dem Käse bestreuen und im Ofen bei 200 °C ca. 20 Minuten überbacken.

Zucchini-Tomaten-Gratin mit Schafskäse

Menge	Zutaten	Preis
100 ml	Olivenöl	0,37 €
3 Zehen	Knoblauch	0,24 €
800 g	Zucchini	1,19 €
150 g	Tomaten	0,15 €
1 Prise	Salz	0,05 €
1 Prise	Pfeffer	0,05 €
1 TL	Basilikum	0,10 €
1 TL	Thymian	0,10 €
170 g	eingelegte Oliven in Öl	0,36 €
200 g	Feta-Käse	1,74 €
	Summe	**4,35 €**

Zubereitung

Olivenöl mit Knoblauchzehen zu Knoblauchöl verarbeiten. (Das geht ganz schnell in einem passenden Wasserglas mit einem Stabmixer.) Eine Auflaufform mit dem Knoblauchöl gleichmäßig ausstreichen. Jetzt strömt der feine Geruch durch die ganze Küche! Zucchini und Tomaten in dünne Scheiben schneiden. Abwechselnd in die Form schichten. Mit Salz und Pfeffer kräftig würzen und mit restlichem Knoblauchöl beträufeln. Kräuter mischen und über das Gemüse streuen. Oliven hacken und mit dem zerdrückten Feta-Käse auf dem Auflauf verteilen. Bei 200 °C im Ofen 30–40 Minuten backen. Die Spitzen vom Käse sollten goldbraun sein.

Auberginen-Tomaten-Auflauf mit Mozzarella

Menge	Zutaten	Preis
750 g	Auberginen	1,27 €
150 g	Zwiebeln	0,15 €
2 Zehen	Knoblauch	0,16 €
1,5 EL	Olivenöl	0,06 €
1 Dose	geschälte Tomaten (425 ml)	0,35 €
50 ml	Tomatenketchup	0,06 €
1 Prise	Salz	0,05 €
1 Prise	Pfeffer	0,05 €
1 Prise	Zucker	0,05 €
1 TL	Oregano	0,15 €
2 TL	Basilikum	0,10 €
220 g	Mozzarella	0,55 €
25 g	geriebener Parmesan	0,30 €
	Summe	**3,30 €**

Zubereitung

Auberginen waschen, trocken tupfen, den Stielansatz entfernen und in fingerdicke Scheiben schneiden. Auf ein mit Backpapier ausgelegtes Blech verteilen und bei 200 °C Umluft 5–7 Minuten grillen, zwischendurch einmal wenden. Sie sind gar, wenn sie leicht Farbe annehmen.

In der Zwischenzeit Zwiebeln und Knoblauch abziehen. Zwiebeln in Ringe schneiden, Knoblauch fein würfeln. Olivenöl in einer Pfanne erhitzen, Zwiebeln und Knoblauch darin glasig dünsten. Tomaten und Ketchup dazugeben und mit Salz, Pfeffer, Zucker und Oregano nach Geschmack würzen. Das Ganze ca. 8 Minuten auf mittlerer Stufe einkochen lassen. Etwas Basilikum unterrühren. Den abgetropften Mozzarella in dünne Scheiben schneiden. Eine ausreichend große Auflaufform ganz leicht mit Öl auspinseln. Mit 2–3 EL Tomatensoße den Boden bedecken, darauf Auberginen, Tomatensoße und Mozzarella abwechselnd schichten. Die oberste Schicht sollte Mozzarella sein, über den zum Schluss noch Parmesan gestreut wird. Im vorgeheizten Backofen 200°C Umluft auf mittlerer Schiene 15–20 Minuten überbacken.

Rosenkohl-Kürbis-Gratin mit Käse

Menge	Zutaten	Preis
600 g	Kürbis	0,90 €
200 g	Rosenkohl	0,20 €
50 g	Zwiebeln	0,10 €
2 Zehen	Knoblauch	0,16 €
25 g	Butter	0,12 €
1,5 EL	Mehl	0,05 €
100 ml	Sahne	0,22 €
1 Prise	Salz	0,05 €
1 Prise	Pfeffer	0,05 €
100 g	geriebener Edamer	0,60 €
½ Bund	frische Petersilie	0,30 €
	Summe	**2,75 €**

Zubereitung

Kürbis halbieren, die Kerne entfernen. Mit einem Kugelausstecher Kugeln aus dem Kürbisfleisch herausschälen. Rosenkohl vierteln. Zwiebel und Knoblauchzehe in sehr feine Würfel schneiden. Zwiebelwürfel mit dem Rosenkohl in Butter andünsten, Knoblauch hinzufügen und zusammen mit den Kürbiskugeln (zuletzt hinzugeben, da Kürbis nur eine kurze Garzeit hat) nochmals dünsten lassen. Mit Mehl binden, mit der Sahne auffüllen und unter Rühren langsam aufkochen lassen. Mit Salz und Pfeffer abschmecken und zugedeckt einige Minuten durchziehen lassen, ohne zu kochen. Das Ganze in eine feuerfeste Form geben, den Käse darüberreiben und bei starker Hitze (220 °C) goldgelb gratinieren. Vor dem Servieren klein geschnittene Petersilie darüberstreuen.

Paprika-Tomaten-Gratin

Menge	Zutaten	Preis
300 g	Paprika	1,50 €
250 g	Tomaten	0,25 €
125 g	Porree	0,25 €
200 ml	Sahne	0,43 €
60 g	Paniermehl	0,05 €
1 Prise	Salz	0,05 €
1 Prise	Basilikum	0,05 €
1 Prise	Oregano	0,05 €
1 Prise	Rosmarin	0,05 €
125 g	geriebener Edamer	0,74 €
	Summe	**3,42 €**

Zubereitung

Paprika waschen, entkernen und in Streifen schneiden. Tomaten und Lauch waschen, klein schneiden und alles in eine Auflaufform geben. Sahne mit 2 EL Paniermehl, etwas Salz und den Kräutern (Menge nach Belieben, nicht zu viel Rosmarin) vermengen und über das Gemüse geben. Kurz umrühren, damit alle Zutaten feucht sind. Anschließend mit 1 EL Paniermehl bestreuen und 6 Minuten in den vorgeheizten Ofen (ca. 180 °C) geben. Kurz durchrühren, nochmals mit Paniermehl bestreuen und weitere 6 Minuten in den Ofen geben. Zum Schluss mit Käse bestreuen und 10–15 Minuten überbacken, bis der Käse zerschmolzen ist und anfängt braun zu werden.

Überbackene Zucchini-Tomaten

Menge	Zutaten	Preis
800 g	Fleischtomaten	1,27 €
450 g	Zucchini	0,67 €
2 Zehen	Knoblauch	0,16 €
3 EL	Olivenöl	0,11 €
1 EL	Basilikum getrocknet	0,16 €
150 g	Frischkäse	0,44 €
220 g	Mozzarella	0,55 €
1 Prise	Salz	0,05 €
1 Prise	Pfeffer	0,05 €
	Summe	**3,46 €**

Zubereitung

Stielansätze der Tomaten herausschneiden, Tomaten halbieren und aushöhlen. Zucchini in Würfel schneiden und mit dem Knoblauch (gewürfelt oder in Scheiben) in Olivenöl in einer Pfanne kräftig anbraten und garen. Gebratene Zucchiniwürfel pfeffern und salzen, mit Knoblauch und dem getrockneten Basilikum in ein hohes Gefäß geben und mit einem Stabmixer nicht allzu fein pürieren. Frischkäse unter das Zucchini-Mus rühren und Tomaten mit der Masse füllen. Mit in Scheiben geschnittenem Mozzarella belegen und in Auflaufform im vorgeheizten Backofen (175 °C) 15–20 Minuten überbacken.

Paprika-Reis-Auflauf mit Käse

Menge	Zutaten	Preis
250 g	Reis	0,23 €
5 g	Brühe	0,05 €
250 g	Tomaten	0,25 €
1 Stück	Paprika rot	
1 Stück	Paprika gelb	
1 Stück	Paprika grün	zus. 2,49 €
50 g	Zwiebeln	0,10 €
25 g	Butter	0,12 €
3 Stück	Eier	0,39 €
100 ml	Sahne	0,22 €
200 g	geriebener Emmentaler	1,19 €
1 Bund	frische Petersilie	0,59 €
1 Prise	Salz	0,05 €
1 Prise	Pfeffer	0,05 €
Summe		**5,73 €**

Zubereitung

250 g Reis wiegen und dann in einer Tasse abmessen. Die doppelte Menge an Wasser mit der Brühe zum Kochen bringen, Reis einstreuen, aufkochen und 40 Minuten ausquellen lassen. Tomaten häuten, in Würfel schneiden und beiseitestellen. Paprika waschen, entkernen und würfeln. Zwiebeln fein hacken. Butter in einem Topf erhitzen, Zwiebel darin glasig dünsten, anschließend Paprika und Tomaten hinzufügen und die Gemüsemischung etwa 10 Minuten zugedeckt dünsten. Eventuell etwas Wasser angießen. Den Ofen auf 180 °C vorheizen. Eier mit der Sahne verquirlen. Käse reiben und 2 EL davon beiseitestellen. Petersilie fein hacken. Käse und Petersilie unter die Eier-Sahnemasse heben. Reis mit dem Gemüse und der Eiermasse vermengen und mit Salz und Pfeffer pikant abschmecken. Alles in eine gebutterte Auflaufform füllen und mit dem restlichen Käse bestreuen. Den Auflauf ca. 30 Minuten fertig backen.

Feurige Zucchini-Champignonspieße mit Käse überbacken

Menge	Zutaten	Preis
500 g	Zucchini	0,75 €
250 g	Paprika rot	1,25 €
100 g	Zwiebeln	0,10 €
200 g	Champignons (frisch)	0,79 €
250 g	Fleischtomaten	0,40 €
3 EL	Olivenöl	0,11 €
1 Prise	Salz	0,05 €
1 Prise	Pfeffer	0,05 €
2 TL	Paprikapulver	0,10 €
2 TL	Thymian	0,19 €
1 TL	Chilipulver	0,15 €
½ TL	Knoblauchpulver	0,05 €
½ TL	Gemüsebrühe	0,05 €
100 g	geriebener Edamer	0,60 €
	Summe	**4,64 €**

Zubereitung

Gemüse waschen, Paprika entkernen, Zucchini und Paprikaschote in kleine Stücke schneiden, Zwiebel längs halbieren und dann längs achteln. Champignons entweder vierteln oder kleine halbieren. Die Fleischtomate vierteln, aushöhlen und das Kernfleisch gleich in die leicht gefettete Form geben! Tomatenfleisch in Stücke schneiden. Alle Gemüsereste in die Form geben. Vorbereitete Gemüsestücke aufspießen und darauf legen. Öl mit Salz und Pfeffer vermischen und das Paprikapulver mit dem Thymian und dem Chili darunterschlagen! Diese Masse mit dem Pinsel auf das Gemüse auftragen und anschließend Spieße mit Knoblauch und gekörnter Brühe (ohne Flüssigkeit) leicht überstäuben. Im vorgeheizten Backofen bei 200 °C Ober-/Unterhitze ca. 15 Minuten backen! Danach mit Edamer überstreuen und 5–10 Minuten überbacken.

Oma Ilses Champignon-Toast

Menge	Zutaten	Preis
375 g	Champignons (frisch)	1,49 €
50 g	Zwiebeln	0,10 €
15 g	Butter	0,07 €
500 g	Toastbrot	0,49 €
3 EL	Speiseöl	0,05 €
1 Zehe	Knoblauch	0,08 €
100 g	Crème fraîche	0,25 €
1 EL	Speisestärke	0,05 €
1 Prise	Salz	0,05 €
1 Prise	Pfeffer	0,05 €
1 TL	Thymian	0,10 €
½ Bund	frische Petersilie	0,30 €
50 g	geriebener Parmesan	0,60 €
	Summe	**3,68 €**

Zubereitung

Backofen auf 180 °C heizen. Champignons putzen, Stielansätze abschneiden und in feine Scheiben schneiden. Zwiebeln sehr fein hacken. Butter in einem kleinen Topf flüssig schmelzen. Toastbrotscheiben mit der flüssigen Butter bepinseln. Backblech mit Alufolie auslegen, Scheiben darauf legen und einige Minuten im Rohr toasten. Olivenöl in der Pfanne erhitzen, darin Zwiebel glasig dünsten. Champignons dazugeben und mit dem zerdrückten Knoblauch unter Rühren dünsten. Nun Crème Fraîche mit der Speisestärke vermischen und unter die Pilze rühren und mit Pfeffer und Salz abschmecken. Zum Schluss Thymian und Petersilie untermischen. Pilzmasse auf den gebackenen Toasts verteilen, Parmesan darüber reiben und nochmals im Rohr ca. 6 Minuten goldgelb backen.

Überbackenes Sommergemüse mit Käse

Menge	Zutaten	Preis
750 g	Kartoffeln	0,48 €
1 Stück	Blumenkohl	0,99 €
300 g	Möhren	0,30 €
750 g	Spitzkohl	1,55 €
1 Bund	Frühlingszwiebeln	0,59 €
4 Stück	Eier	0,52 €
500 ml	Milch	0,30 €
200 g	Schmand	0,49 €
1 Prise	Salz	0,05 €
1 Prise	Pfeffer	0,05 €
1 Prise	Muskat	0,05 €
100 g	geriebener Emmentaler	0,60 €
	Summe	**5,97 €**

Zubereitung

Kartoffeln waschen, ca. 20 Minuten kochen. Dann abschrecken, schälen und abkühlen lassen. Gemüse putzen bzw. schälen und waschen. Blumenkohl in Röschen teilen. Möhren in Stücke, Spitzkohl in Spalten und Frühlingszwiebeln in Ringe schneiden. Blumenkohl in wenig kochendem Salzwasser zugedeckt 10–12 Minuten dünsten. Möhren nach ca. 5 Minuten zugeben und mitgaren. Spitzkohl in wenig kochendem Salzwasser zugedeckt ca. 10 Minuten dünsten. Kartoffeln in dicke Scheiben schneiden, Gemüse abtropfen lassen. Eier, Milch und Schmand (oder Crème fraîche) verquirlen. Mit Salz, Pfeffer und Muskat kräftig würzen. Reibekäse unterrühren und Gemüse mit den Kartoffeln in einer gefetteten Fettpfanne oder einer großen Auflaufform verteilen. Eier mit der Milch verrühren und darübergießen. Im vorgeheizten Backofen bei 175 °C Umluft ca. 45 Minuten backen.

Rezepte, die auch Kindern schmecken

Arlberger Gemüsespaghetti

Menge	Zutaten	Preis
2 Zehen	Knoblauch	0,16 €
50 g	Zwiebeln	0,05 €
1 Bund	Sellerie	1,15 €
300 g	Möhren	0,30 €
250 g	Porree	0,50 €
1 EL	Speiseöl	0,05 €
30 g	Tomatenmark	0,06 €
15 g	Mehl	0,05 €
500 g	Tomaten	0,50 €
1 Prise	Salz	0,05 €
1 Prise	Pfeffer	0,05 €
1 Prise	Zucker	0,05 €
400 g	Spaghetti	0,32 €
15 g	Basilikum getrocknet	0,49 €
25 g	geriebener Parmesan	0,30 €
	Summe	**4,08 €**

Zubereitung

Knoblauch durch eine Knoblauchpresse drücken. Zwiebel, Sellerie und Möhren fein würfeln. Den Porree in feine Stücke schneiden. Etwas Öl in einem Topf erhitzen. Gemüse, Zwiebeln und Knoblauch darin anbraten. Tomatenmark zufügen, mit Mehl bestäuben und anschwitzen. Gewürfelte Tomaten zugeben und aufkochen. Soße mit Salz, Pfeffer und einer Prise Zucker würzen und ca. 10 Minuten köcheln lassen. Nudeln in Salzwasser nach Anweisung bissfest garen. Basilikum kurz vor dem Servieren unter die Soße heben. Mit Nudeln anrichten. Mit Parmesan garnieren und etwas Pfeffer bestreuen.

Spaghetti Carbonara mit Erbsen

Menge	Zutaten	Preis
500 g	Spaghetti	0,39 €
1 Prise	Salz	0,05 €
1 Dose	Erbsen (423 ml)	0,39 €
2 Zehen	Knoblauch	0,16 €
30 g	Butter	0,14 €
100 g	geriebener Parmesan	1,19 €
2 Stück	Eier	0,26 €
200 ml	Sahne	0,43 €
1 Prise	Pfeffer	0,05 €
1 Prise	Muskat	0,05 €
	Summe	**3,11 €**

Zubereitung

Eine Schüssel im Backofen vorwärmen. Salzwasser für die Nudeln aufsetzen. Spaghetti und Erbsen ins kochende Wasser geben, in 8 Minuten bissfest kochen.

In der Zwischenzeit Knoblauchzehen klein hacken und in etwas Butter leicht glasig anschmoren. Die Hälfte des geriebenen Parmesan mit Eiern, Sahne, Salz, Pfeffer und Muskat verrühren und hinzufügen. Spaghetti mit den Erbsen in ein Sieb gießen, abtropfen lassen. In den Topf zurückgeben (nicht mehr auf den Herd stellen) und mit der Eier-Käsesoße vermischen. In die vorgewärmte Schüssel geben, restlichen Käse drüberstreuen und sofort servieren.

Spaghetti in Rahm-Spinatsoße

Menge	Zutaten	Preis
200 g	Spinat (TK)	0,22 €
15 g	Butter	0,07 €
50 g	Zwiebeln	0,05 €
3 Zehen	Knoblauch	0,24 €
500 g	Spaghetti	0,39 €
200 ml	Sahne	0,43 €
200 g	Schmelzkäse	0,79 €
30 g	Mehl	0,05 €
1 Prise	Salz	0,05 €
1 Prise	Pfeffer	0,05 €
1 Prise	Muskat	0,05 €
	Summe	**2,39 €**

Zubereitung

Spinat auftauen. Butter in einem Topf schmelzen, klein gewürfelte Zwiebel und gehackten Knoblauch darin andünsten. Anschließend Spinat dazugeben und mit 200 ml Wasser aufgießen. Bei geschlossenem Topf weich dünsten. Parallel die Spaghetti nach Packungsangabe kochen. Sahne und Schmelzkäse zum Spinat in den Topf geben, Mehl darüberstäuben und mit dem Stabmixer fein pürieren. Alles kurz aufkochen und mit Salz, Pfeffer und Muskat abschmecken.

Tofu-Spaghetti Bolognese

Menge	Zutaten	Preis
400 g	Tofu	1,79 €
50 g	Zwiebeln	0,05 €
1 Zehe	Knoblauch	0,08 €
125 g	Möhren	0,12 €
3 EL	Olivenöl	0,11 €
500 ml	Gemüsebrühe	0,05 €
50 g	Tomatenmark	0,10 €
1 EL	Sojasoße	0,12 €
400 g	Spaghetti	0,31 €
1 Prise	Salz	0,05 €
1 TL	Basilikum getrocknet	0,15 €
1 Prise	Pfeffer	0,05 €
	Summe	**2,98 €**

Zubereitung

Tofu klein würfeln und in der Brühe einweichen. Zwiebeln abziehen und würfeln. Knoblauch abziehen und pressen. Möhren schälen und fein würfeln. Etwas Olivenöl erhitzen und darin Zwiebeln, Knoblauch und Möhren andünsten. Tofu mit der Brühe zufügen. Tomatenmark unterrühren und ca. 5–7 Minuten köcheln lassen. Mit Sojasoße abschmecken. Inzwischen Spaghetti in reichlich kochendem Salzwasser nach Packungsanweisung bissfest garen. Abgießen und abtropfen lassen. Mit der Tofu-Bolognese anrichten und mit Basilikum garniert servieren.

Eiernudel-Tomaten-Gratin

Menge	Zutaten	Preis
400 g	Tomaten	0,40 €
300 g	grüne Eiernudeln	1,07 €
50 g	Butter	0,24 €
150 g	Crème fraîche	0,37 €
3 Stück	Eier	0,39 €
1 Prise	Salz	0,05 €
1 Prise	Pfeffer	0,05 €
220 g	Mozzarella	0,55 €
1 TL	Basilikum getrocknet	0,10 €
	Summe	**3,22 €**

Zubereitung

Frische Tomaten leicht einritzen, in kochendem Wasser blanchieren, dann die Haut abziehen und in feine Würfel schneiden. Nudeln in Salzwasser nach Anweisung bissfest garen. Eine feuerfeste Form mit Butter ausreiben. Nudeln und Tomatenwürfel vermischen und in die Form geben. Crème fraîche mit Eiern verrühren. Mit Salz und Pfeffer abschmecken. Über die Nudelmasse geben, mit Mozzarella-Scheiben belegen, Butterflocken darüber verteilen und bei 175 °C ca. 20 Minuten im Backofen backen. Vor dem Anrichten mit ein wenig Basilikum bestreuen.

Norddeutscher Blumenkohl-Kartoffelauflauf

Menge	Zutaten	Preis
700 g	Kartoffeln	0,45 €
1 Stück	Blumenkohl	0,99 €
450 g	Mischgemüse (TK mit Kräuterbutter)	0,58 €
1 Prise	Salz	0,05 €
1 Prise	Pfeffer	0,05 €
600 g	Sauce Hollandaise	1,58 €
200 g	geriebener Edamer	1,19 €
	Summe	**4,89 €**

Zubereitung

Kartoffeln schälen und in mundgerechte Stücke schneiden, kochen oder dünsten. Blumenkohl ebenfalls in mundgerechte Stücke zerteilen und auch dünsten. Das Mischgemüse inzwischen auftauen lassen, die Kräuterbutter entnehmen und mit der Sauce Hollandaise mischen (kalt), bei Bedarf mit Salz und Pfeffer nachwürzen. Eine Schicht der Sauce in eine große Auflaufform geben, sodass der Boden bedeckt ist, dann heiße Kartoffeln und Blumenkohl sowie Mischgemüse hineingeben, alles etwas bunt verteilen. Anschließend restliche Sauce darübergeben und zum Schluss alles mit Käse gut bedecken. Im Backofen bei 180 °C 20–30 Minuten überbacken, bis der Käse goldbraun ist.

Brokkoli-Tortellini–Auflauf

Menge	Zutaten	Preis
50 g	Zwiebeln	0,10 €
2 Zehen	Knoblauch	0,16 €
2 EL	Speiseöl	0,05 €
1 kg	Brokkoli	1,30 €
1 Prise	Salz	0,05 €
1 Prise	Pfeffer	0,05 €
1 Dose	geschälte Tomaten (425 g)	0,35 €
200 g	Sahne	0,43 €
1 EL	Oregano getrocknet	0,30 €
50 ml	Tomatenketchup	0,06 €
50 g	Tomatenmark	0,10 €
500 g	Tortellini	1,49 €
200 g	geriebener Edamer	1,19 €
Summe		**5,63 €**

Zubereitung

Backofen auf 200 °C vorheizen. Gusseisernen Topf auf den Herd setzen, etwas Öl hineingeben und erhitzen. Zwiebel und Knoblauch fein würfeln, ins heiße Öl geben, kurz andünsten. Brokkoli in kleine Röschen zerteilen, waschen und ebenfalls mitdünsten. Tomaten und Sahne zugeben, aufkochen und mit Salz, Pfeffer, Oregano, Ketchup und Tomatenmark abschmecken. Nun die Tortellini hinzugeben und unter ständigem Rühren kräftig aufkochen lassen. Eine halbe Tasse heißes Wasser hinzugeben und nochmals aufkochen lassen. Anschließend alles in eine feuerfeste Form geben und mit Käse bestreuen. Bei 170 °C ca. 30 Minuten backen, bis sich eine braune Kruste gebildet hat.

Apfelmaultaschen mit Joghurt-Vanillecreme

Menge	Zutaten	Preis
500 g	Kartoffeln	0,32 €
1 Prise	Salz	0,05 €
150 g	Mehl	0,05 €
600 g	Äpfel	0,71 €
100 g	Butter	0,60 €
60 g	Zucker	0,05 €
200 g	Joghurt	0,16 €
2 Pck.	Vanillezucker mit echter Vanille	0,78 €
50 ml	Apfelsaft naturtrüb	0,05 €
	Summe	**2,77 €**

Zubereitung

Pellkartoffeln schälen und durch eine Kartoffelpresse oder ein Sieb drücken, 1 Prise Salz zum Kartoffelteig geben und verkneten. Mehl dazugeben und ebenfalls verkneten. Teig zu einer Rolle formen. Äpfel entweder gründlich waschen oder schälen, dann vierteln, dabei vom Kerngehäuse befreien und in kleine Stücke schneiden. Teigrolle in sechs Stücke schneiden und auf einer großzügig bemehlten Arbeitsfläche jeweils auf eine Größe von ca. 14 x 20 cm ausrollen. Die Butter in einem Topf schmelzen und die sechs Teigplatten mit reichlich flüssiger Butter bestreichen. Apfelstücke jeweils in der Mitte der Teigplatten verteilen und je 1 TL Zucker darüberstreuen. Backofen auf 170 °C vorheizen. Eine große Auflaufform mit reichlich Butter fetten. Belegte Teigplatten von der kurzen Seite her aufrollen bzw. einschlagen und nebeneinander in die Auflaufform legen und in der Form mit der übrigen flüssigen Butter einpinseln. Apfelmaultaschen in der Mitte des heißen Ofens (Umluft 150 °C) 45–50 Minuten backen. Joghurt mit Vanillezucker und 50 ml Apfelsaft mischen und über die warmen Maultaschen geben.

Zubereitung

Geviertelte Aprikosen mit Puderzucker und 100 ml Saft in einen Topf geben und aufkochen. Anschließend Aprikosen abgießen (dabei den Saft auffangen) und klein hacken. Die Hälfte der Aprikosen in dem aufgefangenen Saft sämig einkochen. Für den Auflauf Milch mit einer Prise Salz und etwas geriebener Zitronenschale zum Kochen bringen, Grieß einstreuen, unter Rühren auf der ausgeschalteten Herdplatte 10 Minuten ausquellen lassen und kalt stellen. Butter, Zucker und Eigelb schaumig rühren und unter den abgekühlten Grieß rühren. Eiweiß steif schlagen und ebenfalls unterziehen. Die Hälfte des Grießbreis in eine gefettete Auflaufform füllen, die sämig eingekochten Aprikosen darauf verteilen, den Rest des Breis darüberstreichen und den Auflauf im auf 200 °C vorgeheizten Ofen 30–40 Minuten garen. Auflauf aus der Form stechen und mit den restlichen gehackten Aprikosen anrichten.

Omas Aprikosen-Grießauflauf

Menge	Zutaten	Preis
1 Dose	Aprikosen (425 ml)	0,60 €
50 g	Puderzucker	0,17 €
1250 ml	Milch	0,75 €
1 Prise	Salz	0,05 €
1 Stück	Zitrone (bio)	0,40 €
250 g	Gries	0,22 €
40 g	Butter	0,18 €
100 g	Zucker	0,06 €
4 Stück	Eier	0,52 €
	Summe	**2,95 €**

Süße
vegetarische
Gerichte

Großmutters Milchsuppe mit Nudeln

Menge	Zutaten	Preis
1 l	Milch	0,60 €
30 g	Butter	0,14 €
1 Prise	Salz	0,05 €
2 EL	Zucker	0,05 €
1,5 Päckchen	Vanillezucker mit	
	echter Vanille	0,39 €
200 g	Bandnudeln	0,30 €
	Summe	**1,53 €**

Zubereitung

Milch mit der Butter und einer Prise Salz zum Kochen bringen. Zucker und Vanillezucker hinzugeben. Zum Schluss Nudeln hineingeben und auf kleinster Stufe ca. 20–30 Minuten ausquellen lassen. (Die Zeitangabe richtet sich nach der Art der verwendeten Nudeln.) Zwischendurch immer wieder umrühren, damit die Suppe nicht ansetzt. Heiß servieren.

Oma Annas Milchreis mit Kirschen

Menge	Zutaten	Preis
1 l	Milch	0,60 €
200 g	Milchreis	0,18 €
1 Stück	Ei	0,13 €
1 Prise	Salz	0,05 €
100 g	Zucker	0,07 €
½ Glas	Sauerkirschen (360 ml)	0,40 €
30 g	Butter	0,14 €
	Summe	**1,57 €**

Zubereitung

Milch zum Kochen bringen. Reis, Ei, Salz und Zucker zugeben und für etwa 30 Minuten auf geringer Stufe köcheln lassen. Zwischendurch immer wieder umrühren. Den Backofen auf 180 °C vorheizen. Milchreis in eine Auflaufform geben. Kirschen (wenn frische verwendet werden, das Entkernen nicht vergessen!) abschütten und unterrühren. Mit Butterflocken belegen. Für 1 Std. in den vorgeheizten Backofen geben und fertigbacken.

Reibekuchen mit Apfelkompott

Menge	Zutaten	Preis
800 g	Kartoffeln	0,51 €
200 g	Zwiebeln	0,20 €
1 Prise	Salz	0,05 €
3 Stück	Eier	0,39 €
30 g	Haferflocken	0,05 €
250 ml	Speiseöl	0,35 €
50 g	Zucker	0,05 €
1 Glas	Apfelmus (720 ml)	0,49 €
	Summe	**2,09 €**

Zubereitung

Kartoffeln und Zwiebeln reiben. Salz, Eier und Haferflocken untermischen und glatt rühren. (Den Löffel nicht im Teig stehen lassen, da sich sonst Feuchtigkeit bildet!) Pflanzenöl oder Butterschmalz in die Pfanne geben und erhitzen (Reibekuchen müssen in Öl/Butterschmalz schwimmen). Anschließend Esslöffelgroße Portionen vom Teig in die Pfanne geben, etwas glatt streichen und von beiden Seiten goldgelb backen. Zum Schluss die Reibekuchen auf Küchenkrepp abtropfen lassen und je nach Geschmack mit Zucker bestreut oder mit Apfelmus als Beilage servieren.

Böhmische Quark-Zwetschgenknödel

Menge	Zutaten	Preis
500 g	Magerquark	0,62 €
250 g	Sahnequark	0,44 €
500 g	Mehl	0,13 €
1 Stück	Ei	0,13 €
1 Prise	Salz	0,05 €
15 ml	Milch	0,05 €
720 g	Pflaumen (Glas)	0,49 €
60 g	Zucker	0,05 €
125 g	Butter	0,60 €
1 Glas	Apfelmus (720 ml)	0,49 €
Summe		**3,05 €**

Zubereitung

Zwei Tage vorher Magerquark in ein Baumwoll-Küchentuch geben, oben zubinden und ca. 10 Minuten in leicht kochendes Wasser halten. Abtropfen lassen, leicht ausdrücken und im Tuch für ca. 48 Stunden an einen luftigen Ort zum Trocknen aufhängen. Teig bereiten: Sahnequark mit Mehl, einem Ei und einer Prise Salz zu einem glatten, festen Teig verkneten. Es kann evtl. etwas lauwarme Milch hinzugefügt werden. Pro Person ca. 10 halbe Zwetschgen gut trocken reiben, damit der Teig daran festhält. Mit einem Messer kleine Stücke vom Teig abschneiden, platt drücken und die Zwetschgenhälften damit gleichmäßig ganz dünn umhüllen. (Das Lila der Zwetschge soll noch leicht durchschimmern.) Fertige Knödel portionsweise in leicht gesalzenes, schwach siedendes Wasser geben. Wenn sie an die Oberfläche steigen (nach ca. 5 Minuten), noch weitere 5 Minuten sanft köcheln lassen und dann herausnehmen.

Inzwischen getrockneten Quark (Reibkäse genannt) aus dem Tuch nehmen und fein reiben. Zwetschgen frisch aus dem Topf portionsweise auf Teller geben. Danach zuckern, mit dem Reibkäse bestreuen und mit geschmolzener Butter übergießen.

Quark-Ofennocken mit Apfelmus

Menge	Zutaten	Preis
750 g	Magerquark	0,93 €
4 Stück	Eier	0,52 €
1 Prise	Salz	0,05 €
150 g	Mehl	0,05 €
350 ml	Milch	0,21 €
1 Stück	Zitrone	0,23 €
1 Glas	Apfelmus (720 ml)	0,49 €
60 g	Butter	0,29 €
25 g	Zucker	0,05 €
200 g	Joghurt	0,16 €
1 Pck.	Vanillezucker mit echte Vanille	0,39 €
	Summe	**3,37 €**

Zubereitung

Milch zusammen mit der zerlassenen Butter, Zucker sowie Vanillezucker und der geriebenen Schale einer halben Zitrone in eine Auflaufform geben. Aus Quark, Salz, Eiern und Mehl einen Teig rühren. Mit einem kleinen Löffel aus dem Teig kleine Nocken abstechen, und diese in die Flüssigkeit in der Auflaufform setzen. Bei 200 °C etwa ½ Stunde backen. Mit Puderzucker bestreuen und sofort servieren, da sonst die Nocken langsam wieder in sich zusammenfallen. Mit Apfelmus als Beilage servieren.

Gries-Kirsch-Auflauf mit Soße

Menge	Zutaten	Preis
1 l	Milch	0,60 €
1 Prise	Salz	0,05 €
250 g	Gries	0,18 €
1 Glas	Sauerkirschen (720 ml)	0,79 €
75 g	Zucker	0,05 €
75 g	Butter	0,36 €
1–2 TL	Zimt	0,06 €
5 Stück	Eier	0,65 €
1 EL	Speisestärke	0,05 €
1 Stück	Zitrone	0,23 €
250 ml	Kirschsaft	0,25 €
	Summe	**3,27 €**

Zubereitung

Milch mit einer Prise Salz aufkochen. Grieß einstreuen und 1–2 Minuten kochen lassen, vom Herd ziehen und abkühlen lassen. Kirschen aus dem Glas gut abtropfen lassen, den Saft auffangen. Zucker und 50 g Butter schaumig rühren, Zimt zufügen. Eier trennen, Eigelbe unterziehen und alles mit dem erkalteten Grieß verrühren. Eiweiße steif schlagen und unterheben. Kirschen ebenfalls unterheben. In eine gebutterte, mit Grieß ausgestreute Auflaufform füllen und auf der mittleren Schiene bei 200 °C ca. 40 Minuten backen. Für die Soße 3 EL Kirschsaft mit Speisestärke verrühren, übrigen Saft aufkochen und mit der angerührten Speisestärke binden. Mit dem Kirschwasser abschmecken und zum Auflauf reichen.

Apfel-Flammkuchen

Menge	Zutaten	Preis
250 g	Mehl	0,07 €
2 EL	Öl	0,05 €
1 Prise	Salz	0,05 €
200 g	Schmand	0,31 €
400 g	Äpfel	0,48 €
1 EL	Zimt	0,12 €
1,5 EL	Zucker	0,05 €
	Summe	**1,13 €**

Zubereitung

Aus Mehl, 150 ml Wasser, Öl und Salz einen Teig herstellen, gut verkneten und eine halbe Stunde im Kühlschrank ruhen lassen. Anschließend aus dem Teig 2 dünne Teigplatten ausrollen (reicht für ca. 2 ganze Bleche), und den Schmand darauf verteilen. Äpfel schälen und entkernen, in Scheiben schneiden und die Teigplatten damit gleichmäßig belegen. Im vorgeheizten Backofen bei 210 °C etwa 6 Minuten backen (der Rand muss leicht braun sein). Warmen Kuchen mit Zimt und Zucker bestreuen und sofort servieren.

Wiener Kaiserschmarrn mit Pflaumenkompott

Menge	Zutaten	Preis
3 Stück	Eier	0,39 €
50 g	Zucker	0,10 €
125 ml	Milch	0,07 €
50 g	Mehl	0,05 €
1 Prise	Salz	0,05 €
75 g	Rosinen	0,16 €
30 g	Butter	0,14 €
50 g	Puderzucker	0,07 €
½ Glas	Pflaumenkompott (360 ml)	0,45 €
	Summe	**1,48 €**

Zubereitung

Eier trennen. Eiweiß steif schlagen und beiseitestellen. Eigelb mit Zucker, Milch, Mehl und Salz zu einem glatten, dünnen Teig verrühren. (Er sollte die Konsistenz von flüssigem Honig haben. Falls er zu dünn ist, etwas Mehl dazugeben, falls er zu fest ist, mit etwas Milch verdünnen.) Eiweiß vorsichtig unter den Teig heben. Rosinen in den Teig rühren. In einer beschichteten Pfanne Butter erhitzen und die Teigmasse in die Pfanne gießen. Mit geschlossenem Deckel 4–5 Minuten bei mittlerer Hitze stocken lassen. Dann den Teig am Rand leicht anheben, etwas Butter in die Pfanne geben, den Kaiserschmarrn umdrehen und die andere Seite 2–3 Minuten backen. Wenn er auf beiden Seiten eine schöne braune Kruste hat, mit zwei Gabeln in großzügige Stücke teilen und kurz weiterbacken. Vor dem Servieren mit Puderzucker bestreuen. Dazu Pflaumenkompott reichen.

Apfeleierkuchen

Menge	Zutaten	Preis
250 g	saure Sahne	0,62 €
500 ml	Milch	0,30 €
5 Stück	Eier	0,65 €
200 g	Mehl	0,05 €
1 Prise	Salz	0,05 €
2 Stück	Äpfel	0,48 €
50 g	Zucker	0,10 €
30 g	Butter	0,14 €
2 EL	Zucker	0,05 €
400 g	Joghurt	0,31 €
	Summe	**2,75 €**

Zubereitung

Saure Sahne, Milch, Eigelb und Mehl mit dem Quirl vermischen. Eiweiß trennen, steif schlagen und unterheben. 1 Prise Salz zugeben. Äpfel schälen und in Scheiben schneiden. In Butter weich braten. Hierauf die Eierkuchenmasse geben und goldbraun backen. Zum Schluss mit Zucker bestreuen.

Apfel-Reisauflauf mit selbstgemachter Vanillesoße

Menge	Zutaten	Preis
250 g	Milchreis	0,23 €
1 l	Milch	0,60 €
100 g	Zucker	0,07 €
1 Prise	Salz	0,05 €
½ Stück	Zitrone	0,12 €
500 g	Äpfel	0,60 €
100 g	Rosinen	0,21 €
1 EL	Zimt	0,06 €
400 ml	Sahne	0,86 €
1 Stück	Ei	0,13 €
50 g	Butter	0,24 €
½ Glas	Sauerkirschen (360 ml)	0,40 €

Für die Vanillesoße

Menge	Zutaten	Preis
1 Stück	Vanilleschote	2,19 €
3 Stück	Eier	0,39 €
30 g	Zucker	0,05 €
1 EL	Speisestärke	0,05 €
4 Pck.	Vanillezucker	0,08 €
350 ml	Milch	0,21 €
	Summe	**6,54 €**

Zubereitung

Reis waschen. Milch mit Zucker, Salz und abgeriebener Zitronenschale aufsetzen und den Reis darin kochen und auf kleiner Stufe ca. 30 Minuten ausquellen lassen. Dabei ab und zu umrühren. Inzwischen eine Auflaufform fetten. Äpfel schälen, entkernen und klein schneiden, mit den Rosinen und dem Zimtzucker mischen. Die Hälfte des Reisbreis in die Auflaufform füllen, die Apfelmischung darübergeben und den restlichen Reisbrei darauf verteilen.

Sahne mit dem restlichen Zucker (4 EL) und einem Ei verquirlen, darübergießen und Butterflöckchen darauf verteilen. Bei 225 °C auf mittlerer Schiene ca. 40 Minuten überbacken. Für die Soße eine Vanilleschote längs aufschlitzen und mit einem Messerrücken das Mark herausschaben. Eigelb, Zucker, Vanillezucker, Stärke und Vanillemark glatt rühren. Mit Milch aufgießen und die Vanilleschote zugeben. Bei schwacher Hitze so lange rühren, bis die Soße dick wird.

REZEPTVERZEICHNIS

**REZEPTE, DIE AUCH KINDERN
SCHMECKEN**

SÜSSE VEGETARISCHE GERICHTE

STICHWORTREGISTER

PREISLISTE

PRODUKT	MENGE	EURO
Äpfel, 5 Stück	1 kg	1,19
Apfelmus	720 ml	0,49
Apfelsaft, naturtrüb	1 Liter	0,79
Aprikosen (Konserve)	850 ml	1,19
Auberginen	1 kg	1,69
Backpulver	150 g	0,29
Bandnudeln	500 g	0,59
Balsamico-Essig	500 ml	0,85
Blätterteig (TK)	450 g	0,99
Blumenkohl	1 Stück	0,99
Brokkoli	1 kg	1,30
Brühe, sort., 7 l (Instant)	140 g	0,59
Butter	250 g	1,15
Butterschmalz	500 g	3,39
Cayenne-Pfeffer	40 g	0,49
Champignons (frisch)	250 g	0,99
Champignons (Konserve)	314 ml	0,49
Chilipulver	30 g	0,89
Chilischoten	160 g	1,69
Coctailtomaten	1 kg	2,30
Couscous (Hartweizen)	1 kg	2,58
Crème fraîche	200 g	0,59
Curry-Pulver	50 g	0,49
Edamer (gerieben)	200 g	1,19
Eier (Bodenhaltung)	10 Stück	1,29
Emmentaler (gerieben)	200 g	1,19
Erbsen (Konserve)	425 g	0,39
Erbsen (TK)	300 g	1,19
Essig	1 Liter	0,39
Estragon (frisch)	Topf	1,29
Fadennudeln	250 g	0,99
Feldsalat	150 g	1,15
Feta-Käse	200 g	1,74
Fleischtomaten	1 kg	1,59
Frischkäse	200 g	0,59
Frühlingszwiebeln	1 Bund	0,59
Getrocknete Tomaten		
i. Öl	150 ml	1,99
Gewürzgurken	720 ml	0,65
Gouda am Stück	1 kg	4,60
Gries	500 g	0,44
Grünkohl	1 kg	1,98
Haferflocken	500 g	0,35
Hartweizengries	500 g	0,35
Haselnüsse, gehackt	200 g	1,39
Hefe (Würfel)	42 g	0,09
Honig	500 g	2,29
Joghurt, natur	500 g	0,99
Möhren	1 kg	0,99
Kartoffeln	1 kg	0,64
Kidneybohnen (Konserve)		
	425 g	0,35
Knoblauch, frisch	200 g	1,49
Knoblauch-Pulver	70 g	0,49
Kokosmilch	400 ml	1,09
Kräutermischung (TK)	50 g	0,55
Kümmel, Gewürz	50 g	0,49
Kürbis	1 kg	1,50
Lorbeerblätter	75 g	1,49
Mais (Konserve)	425 ml	0,39
Majoran (frisch)	Topf	1,29
Majoran (getrocknet)	10 g	0,49
Makkaroni	500 g	1,29
Mandeln, gehackt	100 g	0,65
Mandeln, gehobelt	100 g	0,65
Mehl	1 kg	0,25
Milch (Frisch-/H-Milch)	1 Liter	0,60
Milchreis	500 g	0,45
Minze (frisch)	Topf	1,29
Minze, getrocknet	100 g	1,89
Miracel Whip	500 ml	1,89
Mischgemüse (TK)		
m. Kräutern	750 g	0,97
Mozzarella	220 g	0,55
Muschelnudeln	500 g	1,60
Muskat	50 g	0,49
Oliven (Glas)	370 ml	0,79
Olivenöl	750 ml	2,79
Orangen	1 kg	0,98
Orangenschalen-Aroma	3 Beutel	
	à 30 g	0,39
Oregano	50 g	1,49
Paniermehl	1 kg	0,75
Paprika, sortiert	500 g	2,49
Paprika-Pulver	50 g	0,49
Parmesan (Tüte)	100 g	1,19

Penne-Nudeln	500 g	0,39
Peperoni, rot	100 g	2,39
Petersilie	1 Bund	0,59
Pfeffer	50 g	0,49
Pflaumen (Glas)	720 g	0,95
Pinienkerne	175 g	1,29
Polenta (Maisgries)	1 kg	1,99
Porree, 8 Stangen	1 kg	1,99
Puderzucker	250 g	0,35
Quark, mager	500 g	0,62
Quark, sortiert	250 g	0,38
Radieschen	1 Bund	0,39
Rahmspinat (TK)	450 g	0,39
Reis	1 kg	0,90
Ricotta	250 g	1,18
Risotto-/Rundkornreis	500 g	1,49
Rosenkohl	1 kg	0,99
Rosinen	250 g	0,52
Rosmarin	50 g	1,19
Rote Linsen	800 g	0,59
Rucola	125 g	1,49
Sahne	200 ml	0,43
Sahnequark	250 g	0,44
Salatgurke	1 Stück	0,75
Salz	500 g	0,19
Sauce Hollandaise (Tetrapak)		
	300 ml	0,79
Sauerkirschen (Glas)	720 ml	0,79
Sauerkraut	850 ml	0,49
Saure Sahne	200 g	0,31
Schalotten	1 kg	4,-
Schmalz	250 g	0,43
Schmand	200 g	0,43
Schmelzkäse	200 g	0,79
Schnittlauch	1 Bund	0,59
Sellerie	1 Bund	1,15
Semmelbrösel	1 kg	0,79
Senf	250 g	0,29
Sesamkörner	500 g	2,49
Sojasoße	125 ml	1,48
Sonnenblumenkerne	500 g	1,99
Soßenbinder	250 g	0,49
Spaghetti	500 g	0,39
Spargel, weiß	1 kg	3,95
Spätzle	500 g	0,59
Speiseöl	1 Liter	1,39

Speisestärke	400 g	0,39
Spinat (TK)	450 g	0,39
Spiralnudeln	500 g	0,39
Spitzkohl	1 kg	2,05
Steinpilze, getrocknet	50 g	3,99
Suppengrün	1 Bund	1,19
Thymian	50 g	0,95
Toastbrot	500 g	0,49
Tofu	400 g	1,79
Tomaten	1 kg	0,99
Tomaten, geschält		
(Konserve)	850 ml	0,69
Tomatenketchup	450 ml	0,55
Tomatenmark	200 g	0,39
Tortellini	500 g	1,49
Vanilleschoten	1 Stück	2,19
Vanillezucker	(10 x 8 g)	80 g
	0,19	
Vanillezucker mit		
echter Vanille	12 g	0,39
Weißkohl	1 kg	1,15
Weißwein	750 ml	1,39
Wirsingkohl	1 kg	1,49
Ziegenkäse	250 g	1,79
Zimt	40 g	0,45
Zitronen (normal)	3 Stück	0,69
Zitronen (bio)	3 Stück	1,19
Zitronensaft	200 ml	0,45
Zucchini	1 kg	1,49
Zucker	1 kg	0,65
Zwiebeln	1 kg	0,99

ALLE ANGABEN OHNE GEWÄHR
STAND: MAI 2011

„Eine Superidee"

Günther Jauch in sternTV

Abwechslungsreich kochen und gut essen ist auch mit wenig Geld möglich! Ausgehend vom Hartz-IV-Regelsatz, nach dem einem Erwachsenen pro Tag ca. 4,40 Euro für Essen und Trinken zur Verfügung stehen, haben die Autoren 75 Speisepläne mit Frühstück, Mittag- und Abendessen für zwei Personen zusammengestellt. Unkomplizierte Gerichte, mit frischen Zutaten zubereitet, garantieren eine ebenso gesunde wie schmackhafte Ernährung.

„Ein Speiseplan, bei dem die Krise nicht durch den Magen geht."
Bild am Sonntag

Uwe Glinka/Kurt Meier
Das Sparkochbuch
Günstig und ausgewogen ernähren
nach dem Regelsatz Hartz IV

96 Seiten, 75 Rezepte
€ 8,95 [D]
ISBN 978-3-8025-3692-2

www.vgs.de

EGMONT

Preiswerte Gerichte,
die auch Kinder mögen

Gesundes Essen aus frischen Zutaten ist vor allem für Familien mit Kindern wichtig. Und natürlich soll es allen schmecken! Dafür braucht man weder lange in der Küche zu stehen noch viel Geld auszugeben. 65 Speisepläne mit Frühstück, Mittag- und Abendessen, berechnet nach dem Hartz-IV-Regelsatz für eine 4-köpfige Familie, helfen auf praktische Weise, jeden Tag schmackhafte Gerichte auf den Tisch zu bringen.

Uwe Glinka/Kurt Meier
Das Familiensparkochbuch
Günstig und ausgewogen ernähren
nach dem Regelsatz Hartz IV

96 Seiten, 85 Rezepte
€ 8,95 [D]
ISBN 978-3-8025-3700-4

Eine Geschichte, die Mut macht

In diesem Buch erzählen Uwe Glinka und Kurt Meier, die Autoren der erfolgreichen „Sparkochbücher", ihre eigene Geschichte: wie sie mit über fünfzig arbeitslos wurden, als Hartz-IV-Empfänger in die Mühlen der Bürokratie gerieten und vergeblich zahllose Bewerbungen schrieben. Also hieß es: Selbst ist der Mann! Mit einer guten Idee zur richtigen Zeit gelang es ihnen, eine neue berufliche Existenz aufzubauen.

Uwe Glinka/Kurt Meier
Wir Krisenköche
Einmal Hartz IV und zurück

192 Seiten
€ 12,95 [D]
ISBN 978-3-8025-3712-7

www.vgs.de

EGMONT

Verlagsgesellschaften